JN113102

Independent

インディペンデント

中島侑子

Nakajima Yuko

はじめに

あなたは、今自分が送っている生活と、ちょっと違う世界を手に入れてみたいと思いますか？

あなたは、誰かに左右されるのではなくて、どこに行くか、何をするかを気兼ねなく決められるようになったらいいと思いますか？

もしあなたが少しでもそう思っているのであれば、この本はあなたに出会うために書いたのかもしれません。

2年前の私は、まさに新しい世界で自由に行動するために、何をすべきか試行錯誤をしていました。

私自身は医師ですが、ミセス世界大会アジア代表であり、世界を旅するトラベラーでもあります。また会社を経営し、インフルエンサーの活動をしながら、ボランティアなどにも参加しています。今の私は本当に好きなことをやりたい時にやれる、そんな自由を手に入れたと実感しています。

最初からそうだったかというと、全然そういうわけではなく。

私も最初は、自分が本当にやりたいことが何なのかわからなかったり、人の意見が気になって言い出せないことがあったり、「女性とは、母とはこうあるべき」という一般常識に縛られて行動する勇気が出ないこともありました。

でも、たった一つだけ。

どんなに自分に対して「あーあ……」とがっかりすることがあっても、「もっと自由になりたい！」「自分の力で成し遂げていきたい！」という気持ちだけは忘れなかったのです。

そして、勇気を出して私自身が情報を発信していくことを始めたら、瞬く間に世界が変わっていきました。

それだけではなく、私は今「TOKYOインフルエンサーアカデミー」で、「情報発信をすることで女性は自由になれるんだよ」ということを伝えています。

アカデミーには経営者や元オリンピック選手、アナウンサーのような方々もいますが、「いつか会社を辞めたい」と言いながら、丸の内で働くＯＬや子供を7人育てるシングルマザーもいて、皆さん人生を変えていっています。

「何を発信したらいいかわからない」と言っていた専業主婦が、私のアドバイスをもとに発信を始めたところ、「絶対に子連れでクルーズ旅行に招待されたい」という夢を叶え、その後も様々なＰＲの依頼を受けて起業したり。

「育休をなんとなく過ごすだけで終わらせたくない！」と言っていた育休中のママが、百人規模のコミュニティを始めてテレビ番組に特集されたり。

「ずっと読者モデルになるのが夢だった！」という女性が本当に読者モデルになったり。

そんな現象が起きているのです。

「女性は自分の力で自由になれますか？」と聞かれたら、

答えは間違いなく「イエス」です！

ただし、それには「やらなければいけないこと」や「必要な出会い」があります。

本書ではそれについて伝えていきたいと思います。

私やアカデミーの受講生たちは、どうやって自分の力で自由を手に入れたのか。それは、見る側から伝える側に変わることができたということがすべての要因でした。自らが伝えていく。発信していく。女性が自分の力で、しかもコストをかけずに短期間で自由を手に入れるなら、自ら発信していくことで人生は大きく変わります。

私自身はインスタグラムで発信することによって、オリンピック関連の仕事やミセスコンテストの世界大会にアジア代表で出場するなど、様々なチャンスを手に入れました。

たった一つの情報の発信で、女性の人生は大きく変わります。

そう、女性はインスタグラムで自由になれるのです。

すべての女性が自由になる。すべての女性がいろいろな制限から解放され、独立していく。

それが私の願いです。

この本では、今と少しだけ違う世界を手に入れたいと思っている女性に、短期間でこんなに人生が変わっていくんだ！という勇気を与え、実際に私自身がインスタグラムで何を考えて何を発信し、どう行動したら世界が変わっていったのか、私の受講生たちがどうやって新しい世界を手に入れていったのか、その方法論の全貌を公開していきたいと思います。

最初にあなたに言いたいことがあります。

この本を手に取ってくれてありがとう！
私と一緒に自由を手にしましょう！

3か月ですべての女性は自由になれる

自由になるための答えはインスタグラムの中にある！

あなたの世界を広げてくれるハッシュタグという存在

chapter 6

あなたは、自分だけでなく相手の人生にも影響を与えられる

ストーリーが伝わると自由が増える

自分の人生から「お金」という存在がない自由

「発信」で自由への扉を開く

自由への第一歩は、世界一周ブログから始まった

私はもともとかなりの人見知りで、全く自信がありませんでした。いつも他人の目を気にしていたし、反応をおそれて言い出しかけた言葉を飲み込んだ回数は数知れません。

大学生になってもそれは変わらず、真剣に悩んでいたこともあります。

そんな私でしたが、約16年前（当時大学2年生）にブログを始めました。ブログがまだ今ほど日本で浸透していなかった頃です。


なぜ始めたのか？


それは、新しいものへの好奇心と、ただ単純に文章を書くのが好きだったからです。中学、高校時代6年間毎日欠かさず日記を書いていたこともあり、その代わりのような感覚でした。

もちろん、人の目が怖かったので「匿名、顔写真無し」です。私の日常、思うことを徒然なるままに発信していただけでしたが、ブログを書く人がまだ少なかったこともあり、見ず知らずの人たちからコメントやメッセージをたくさんいただきました。

「文章が面白い」「頑張ってください」など好意的な反応をいただけることがとても新鮮で、私はブログにはまっていきました。

ブログを始めてから7年後、26歳の時に約3年間バックパッカーで世界一周一人旅をした時、勇気を出してついに「実名、顔出し」で「ユウコの世界一周ブログ」始めることにしました。

私にとっては世界一周自体が大きな挑戦だったので、「実名、顔出し」に対するハードルが下がったのかもしれません。

するとみるみるうちにブログランキングで1位になり、やがて「有名ブロガー」といわれるようになりました。

世界各地で「もしかして侑子さんですか?」と呼び止められ「一緒に写真を撮ってください」と求められることも。素直にとても嬉しかったです。

私は、ますますブログを頑張って更新するようになりました。旅行の写真をたくさん載せて、赤裸々に自分の心情や考えを綴り、一つの記事を1時間以上かけて書いていたこともあります。

老若男女様々な方から、さらに多くのメッセージが寄せられるようになりました。

「すごく共感します」

「応援しています！」

「侑子さんのブログで旅行の疑似体験をさせてもらっています」

毎日パソコンを開いてメッセージを読むのが楽しみになりました。

帰国してからは、ブログを通して知り合った縁で仕事をいただくこともたくさんありました。全国各地で講演会や写真展を開催し、延べ動員数は約３０００人にのぼります。

そして、20歳の頃からずっと夢だった本の出版をし、新聞に連載を持ち、様々なウェブ媒体で執筆をし、コネがない状態から１００以上のメディア出演を叶え、「発信」のおかげで、**私の人生は大きく変わっていきました。**

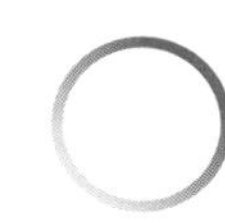

生まれて初めて「死」を意識し、自由になるために起業を決意

世界一周から帰国し、私は救急救命医になりました。

「何があっても、どこにいても、誰かの力になれるだけの確かな技術と知識がほしい」

旅を通してそう思ったからです。

はじめは東京都心部の大病院で、1分1秒を争う「救急」のテレビドラマのような仕事をしました。約4年のブランクがあり、ほぼゼロからのスタートでした。瀕死の重症患者を乗せた救急車が到着した時の緊迫した空気。何をしたらいいのか、どう動いたらいいのかわからず、私は立ち尽くすしかありませんでした。そんな無力で不甲斐ない自分に耐えきれず、よく病院のトイレでこっそり泣きました。

自分より年下の後輩医師に「教えてもらう」立場になりましたが、患者さんの命を目の前にし、自分のちっぽけなプライドは捨てると決意しました。丸2日間寝ずに働くような日もあり、当直明けの帰宅途中、生まれて初めて「歩きながら寝る」という体験をしました。

1日で数人の死に直面するのは当たり前というハードな現場や、自分の判断が人の命を左右する救急医の責任の重さに、押し潰されそうになることもたくさんありました。でも、毎日自分が成長していることを実感できる喜びと、それが直接誰かのためになっているという実感が嬉しくて夢中で働きました。

沖縄で救急ヘリコプターに乗って離島やへき地で診療をしたこともあります。都心の病院とは違い、十分な機材がなく、医師は私一人しかいません。直感力や判断力、時間との勝負でした。誰の意見も聞けず、「その場で自分が判断し、行動する」そのためのメンタルが鍛えられました。分野は違いますが、この無我夢中で働いていた日々は、上司もおらず、判断と行動のすべてが私に委ねられている今の会社経営に、とても活きていると思います。

このように、救急医はとてもやりがいがあり、毎日が勉強で充実していました。自分が成長することで「できること」の選択肢が増え、それが結果的に「自由」につながっていくのだということを学びました。

その後夫の転勤とともに、当時救急医がいなかった長野の病院で働き始めてしばらくした頃、妊娠しました。「人生やりたいこと100のリスト」（後述）35番目に「ママになる」があるのですが、夢が叶い、とても嬉しかったです。

でも、妊娠5か月の時に疼いた腹痛を機に卵巣嚢腫が発覚しました。自分が働いていた救急外来で検査を受け、「今すぐ手術した方がいい！」と言われて緊急入院、翌日手術になりました。

毎日「生」と「死」と身近で向き合ってきた私が、生まれて初めて「死」を自分事として意識した瞬間です。「死」に直結する病気ではないのですが、お腹に赤ちゃんもいましたし、「命に絶対はない」ということは、「救急」という現場で働いてきた私が一番よくわかっています。

それでも、不思議と恐怖はありませんでした。腹をくくったということでしょうか？手術前夜に「あぁ、こんなことならもう少し家の片づけしておけばよかった……」と思っていました。そんな自分に気づき「私、メンタル強い！」と自画自賛しました。

手術に対しては全く動じなかった私でしたが、手術が終わった翌日、ベッドの上でぼーっとしていた時に、急に不安に襲われて涙が止まらなくなりました。私の中に数年間かけて少しずつ溜まっていった不安が、今回の手術をきっかけに爆発したような感覚でした。

出産したら自由がなくなるのかな？
しばらく働けなくなるよね？
その間の収入ってどうなるんだろう？
保育園には入れるのかな？ 入れなかったらどうする？
復職できるのかな？
そもそも、私いつまで健康で生きられるんだろう？
老後の貯金はどうしよう？

将来のことが不安で怖くて、答えの出ない問いがひたすら頭の中でぐるぐる回っていました。当時33歳、大の大人が毛布をかぶって号泣。「メンタル強いんじゃなかったっけ？」と、今振り返ると微笑ましくもありますが、当時の私は本当に不安に押しつぶされそうだったのです。

ひとしきり泣いた後はすっきりして、私は決意しました。

「誰かに雇われる働き方だけではなく、自分で起業しよう。より自由な選択肢を自分の手でつくろう！」

それまで、ビジネスの勉強をしたことは全くなかったので、「起業といえば会社を設立すること？」という考えしか頭になく、何をどうしたらいいのかさっぱりわかりませんでしたが、必死に「起業する方法」などを検索して、見つけたのが「ベンチャーコンテスト」でした。

「起業プランを発表して、グランプリや準グランプリをとると、企業とのマッチングや、内容次第では資金援助される可能性がある」というもの。

一次審査の締め切りが、10日後。私はトイレに行くのも一苦労するくらい、手術箇所が痛くてあまり動けませんでしたし、仕事もドクターストップがかかっていたので、時間だけはたっぷりありました。

「よし！やるぞ！」

ゼロから必死に考えて、入院中のベッドの上で生まれて初めて「事業計画書」を書きました。

「自分は一体何ができるのか？」という課題を、実際に文字として書き起こした初めての経験でした。

私のライフワークでもある「医療」と「旅」を掛け合わせ、「旅行会社、病院、参加者、地域の宿や観光地が一丸となる地方創生×バリアフリーツアー」を提案しました。

その結果、一次書類審査を通過し、二次審査では登壇して審査員や視聴者、企業、銀行の代表者の前でプレゼンテーションをし、グランプリとオーディエンス賞二冠をいただきました。

「グランプリをとったら、メディアにも掲載されて、協力したいと言ってくれる旅行会社も現れて、どんどん話が進んでいくに違いない！」そう思っていたのですが、現実は甘くありませんでした。

グランプリをいただいた当初こそ、旅行会社へ積極的に連絡をし、協力してくれそうな宿やホテルに話をしに行き、県の観光課の方々にプレゼンをするなどしていましたが、話は思うように進まず、私の勢いもそう長く続きませんでした。

３つの円が重なるところがビジネスになる！

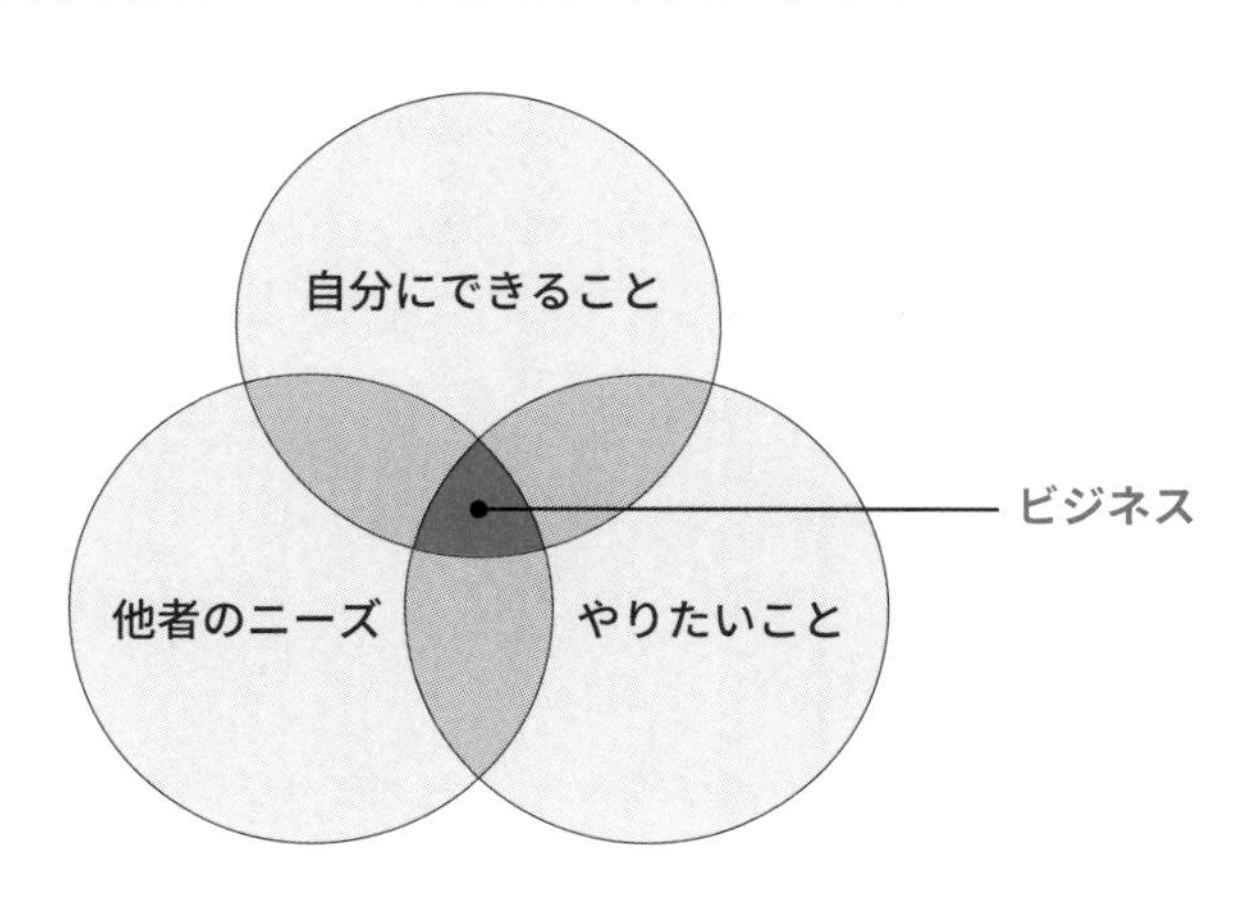

「自分にできることは何か？」をベースに考え、さらに「ニーズがあるもの」を提案したつもりでしたが、「絶対に何がなんでも成し遂げたい！」という情熱が足りなかったことが致命傷だったのです。

「自分にできること」「やりたいこと」「他者のニーズ」の３つの円が交わるところがビジネスになるといわれていますが、その中でも一番大切な「やりたい」という気持ちがおろそかになっていたのです。

ビジネスは初めから終わりまでうまくいきっぱなし！ということは滅多にないので、踏ん張らないといけない時に「自分が本当にやりたいことかどうか」が大切なのだと実感しました。

私って…何のために生きているんだろう？

起業までの道のりはまた振り出しに戻り、私は途方にくれました。

そんな時に、インターネットで発信をしながら「個人」でビジネスをしている人たちの存在を知りました。

無料の媒体を使って、元手をほとんどかけずに「発信」をすることで認知を広げ、自分が持っているサービスやお店などにつなげるという方法です。

目から鱗が落ちるような感覚でした。

私が長年やっていた「発信」を活用して起業できるかも？

確かに、「発信」の威力はよくわかっていました。

私自身が「発信」で人生を変えた一人だったからです。

なのでとても自然に、すとんと腑に落ちました。


よし！ やってみよう!!

私はいろんな人のブログを読みあさり、見よう見まねで「起業のための」ブログを始めました。

でも、今まで私が書いていた「旅」ブログ、「日常」ブログとは書き方が違いました。手探りの独学で時間だけが過ぎていくのがもったいなかったので、商工会議所の起業塾に2つ、県がやっている起業塾に1つ、そして臨月でオンライン起業塾に入りました。

出産を間近に控え、産後しばらく動けなくなるかもしれないという危機感が私に火をつけたのです。

救急救命医の仕事の合間に必死に起業の勉強をし、仕事後に車で往復2時間かけて起業塾に通いました。すでにだいぶお腹が大きかった私を見て、講師の先生も参加者の方々も全員驚いていました。

臨月で産休に入ってからは、家にこもりオンラインで勉強をし、ひたすら発信し続けました。

地道な作業でしたが、時間からも場所からもお金からも自由になっている自分の未来を想像すると、ワクワクして自然と顔がにやけてきたのを覚えています。

2016年11月末、雪がしんしんと降り積もる日、私は初めての子供を出産しました。

待ちに待った我が子との対面。

家族みんなが長野にかけつけてくれました。赤ちゃんがちょっと動いただけで歓声があがり、泣き声すら可愛くて、家中が幸せで満ち溢れました。


そんな中、私は時々猛烈な虚無感に襲われていたのです。今まで私に向けられていた「からだ大丈夫?」「寒くない?」という周囲からの温かい視線は、当然のことながら赤ちゃんに向けられます。私は、自分のことを「役目を終えた人」と感じていたのです。


産後は両方の母が泊まり込みで手伝ってくれ、この上なく恵まれた環境。一方で、私は**自分の存在意義がわからなくなっていました。**

お腹に守るべき子供もいない。

今までみたいにバリバリ働くこともできない。

世間の役にも立っていない。

家事もできない。


私って…何のために生きているんだろう?

「産後3か月は暗いトンネルにいるようだった」

出産した友達が口々にいっていたセリフ。いやいやそんな、大げさな！ と笑って聞いていましたが、まさか自分が心にぽっかり穴があいた状態になるとは！ 驚きでした。

救急救命医をしていた頃は、1日に何十回も「ありがとう」と言われました。助けた患者さん、ご家族、看護師、検査技師、救急士……みんなが私に感謝をしてくれました。

「人の役に立っている」

そう思えることが、どれだけ自信につながったか。

仕事を辞めて初めて痛感しました。

人を救っていたようで、逆に自分が救われていたのです。

私が住んでいた地域は、その年記録的な豪雪で車は雪に埋もれ、外出もままなりませんでした。

生後間もない娘を連れて外出して、万が一転んだら……

そう考えると外出もできず、私はほとんど家の中にいました。

一日中、朝も夜も3時間おきに授乳をしながら、ひたすら「発信」を続けました。寝てくれた！と思ってもベッドに置くと必ず起きるので、最終的には眠る娘を膝に抱えたままパソコンに向かうのが私のスタイルとなりました。

「夜眠れないんだから、昼寝して体を休めなさいよ」と母に何度言われたかわかりませんが、時間がもったいなくて、寝る間を惜しんで文章を書いたのを覚えています。

毎日無我夢中で発信することで、自分の存在意義がかろうじて保たれているような、そんな状態です。


産後1か月くらいから、オンラインで「ブログの書き方講座」等のコンサルティングを始め、生後4か月から子供を時々保育園に入れました。


この頃から私の中に心の葛藤が生まれました。

私が今やっていることは、小さい子供を保育園に入れてまでやりたいことなのだろうか。

子供との時間を犠牲にしてまでこれをやっているけど、全然「結果」につながらない。

本当にこれを続けていて成功するのだろうか。
思うように結果が出ないことへの猛烈な焦りと、小さな我が子への罪悪感と、でも「絶対に成功するぞ！ 諦めてたまるか！」という想いや決意がグルグル回っていました。今思い出しても涙が出るほど、精神的に追い詰められていました。

辛い時、辞めたくなる時に私がいつも唱えていたのが
「成功するたった一つの方法は、成功するまでやり続けること。ただそれだけ」
という言葉です。

私の中では、既に「私だけの問題」ではなく、子供を持つママ達の未来を背負っているような……。大袈裟ですがそんな感覚だったのです。ここで諦めたら、「小さな子供がいてもチャレンジできるんだ！」ってことを証明できなくなる。だから絶対に諦めない！ そして子供が大きくなった時に言うんだ！「あなたがいてくれたから、ママは頑張れたんだよ」って。できないことを子供のせいにだけはしない！ そんな意地もあり、頑張ることができました。

もともと「やる！」と決めたらとことん勉強するタイプなので、半年もたつとfacebookブログ、LINE@、メルマガなど起業に必要な大抵の発信を教えられるレベルにまで成長し、それらを使って「影響力を高めていくためにはどうしたらいいのか」を伝える講座を開催するようになりました。

そこで私は気づくのです。「義務感」だけで発信を続け、疲れ切っている人がいかに多いかということに。

そんな受講生たちを見ながら、どうにかしてあげられないだろうか……と思っていた時、私はついにインスタグラムに出会います。

自由への扉を開いてくれたインスタグラムとの出会い

私がそもそもインスタグラムをやろう！と思ったのは、2017年の秋のある出来事がきっかけでした。

普段は人気芸能人を起用している時計メーカーセイコーの「LUKIA」シリーズが「一般人の広告塔」を募集していたので、広報をしている友人が私を推薦してくれました。書類審査、二次選考をくぐり抜け、なんと最後の2人まで残ったそうですが、そこで私は落選してしまったのです。

純粋に理由が気になって聞いてみたところ、

「インスタグラムのフォロワー数」という答えが返ってきました。

え?! インスタグラム？

今までfacebookやブログ、メルマガやLINE@を一生懸命やっていた私にとって、正直「インスタグラム」という答えは全く予想もしていなかったので、耳を疑いました。

２０１７年秋、当時の私のインスタグラムのフォロワー数は２００人、投稿数５。

インスタグラムアカウント自体は魅力ゼロでしたが、その時私はすでに多数のメディア出演歴があり、本も出版し、０歳児を育てながら現役医師であり起業したというわりと異色の経歴を持っていたので、恥ずかしながら「私が受かるに違いない」と思っていました。


まさか、最終選考を左右するポイントが「インスタグラムのフォロワー数」だなんて思ってもみなかったのです。


「今世の中の流れはインスタグラムなのかもしれない」と初めてインスタグラムに注目した瞬間でした。

その後も、多くの人気女性誌が公式ブロガーや読者モデルを選ぶのに「インスタグラムのフォロワー数」を見ていることを知ったり、ミスコン代表の選考や世界大会での審査に「インスタ発信力」が重要視されていることを耳にしたり……。

私の周りにインスタグラムを本気で活用している人がいなかったから知らなかっただけ

で、実は企業やメディアが注目しているのは、インスタグラムだったんだ！

そうなったら、もはやインスタグラムをやらない選択肢はありません。早速インスタグラムを教えてくれる講座を探しました。

過去の経験から、自力で0から学ぶことが時間のロスになることを痛いほどわかっているからです。

ところが、いくら探してもインスタグラム講座は見つかりません。

しびれを切らした私は、自力でスタートし、毎日毎日トライアンドエラーの繰り返しで、研究しながらインスタグラムに投稿し続けました。

というと「修行」みたいですが、もともと旅行と写真が好きな私にとって「自分の旅先の写真」をインスタグラムにアップするのは楽しみ以外の何ものでもなく、結果が数字となって如実にあらわれるのでやる気も倍増し、めきめきフォロワーが増えていきました。

「1か月で2000！」と思って頑張ったら、3000人以上増えたのです。

インスタグラムが他のSNSと圧倒的に違うポイントの一つが、このスピード感にあります。

頑張れば確実に「数字」が伸び、その伸び率がとても速いのです。

目に見える形で成果がでるとやはり嬉しいし、「もっと頑張ろう」と次への原動力になりますよね。

だから、他のSNSに比べてインスタグラムは離脱率が少ないのだと思います。

結局私は、3か月でフォロワーが1万人を突破しました。毎日多数のDMが届き、数えきれないほどのPR案件やメディア出演依頼、コンサルティング依頼などが舞い込むようになり、ついに「自由」への扉が開かれることになるのです。

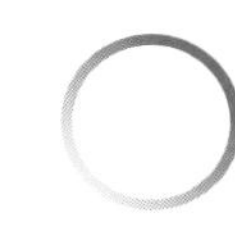

伝えることを始めて、人生を変えた8人の女性

私は、主宰する「TOKYOインフルエンサーアカデミー」で、女性が自由になるための情報発信の仕方を教えており、1DAY講座も合わせると、のべ1000名以上の方々とお会いしました。

というと、長年インスタグラムをしていたように思われますが、実は**私が本格的に始めたのは、ほんの2年前**。インスタグラムのおかげで、短期間で人生が激変し、自由を手に入れたのです。次章に詳しく説明していますが、「仕事で国内外を旅行する」という長年の夢が実現しました。

また、昨年長野県中野市長からスペシャルアンバサダーに任命していただき、他のアンバサダーを育てながら一緒に地域を盛り上げていくという、かねてから希望していた「**地方創生**」にも携わっています。

今まで自分で買っていた、時計や洋服、コスメなど様々なものが提供され、エステや美容院も招待。時には、使用することで謝礼をいただくこともあります。

「東京都」や「神戸市」からの依頼で100名以上の方の前で講演をしたり、本書を出版したことも、すべてインスタグラムを始めなければ成し遂げられなかったことです。

インスタグラムの無限の可能性にあまりにも感動して、「もっと他の人に伝えたい！」「私以外の人もきっと成果が出るに違いない！」とトライアルで、数人だけに私のインスタ術をお伝えしたところ、

「講座が終わってすぐに、侑子さんに言われた通りにインスタを修正したら、30分で仕事が来ました！　しかも、その晩あと2件来ました！」

「帰り道にインスタを直したら、直後に商品が売れました！」

などの報告が相次いだのです。

そこで私は「このインスタ術を、私だけにとどめておくのはもったいない。みんなに伝えねば！」と確信し、インスタグラムの講座を開講する決意をしたのです。

本格的に講座を始めたところ、受講者も次々と人生を変えて自由になっていきました。

◎七人の子供を育てるシングルマザーが、予約が取れないほどの大人気バストトレーニングスクール経営者になり、ずっと憧れていた有名女性誌の読者モデルに。

◎元CAのマナー講師が、有名女性誌の読者モデルになり、妊娠・出産で仕事を休んでいる時も、PR依頼が絶えない人気インスタグラマーに。

◎「同世代のアラ還女性に元気をあげたい、でもどうしたらいいかわからない……」と言っていたフラワーアレンジメントの先生が、出展依頼を受けソウルに招待されたり、銀座三越から依頼が来たり、同世代の方々から「いつも刺激を受けてます」「いつもありがとうございます」とメッセージが来るように。

◎集客に困っていたバランスボールインストラクターが、インスタグラム経由で『めざましテレビ』に出演。

◎現役看護師が趣味の料理を投稿しているうちに、日本各地の野菜や食材のアンバサダーに。主宰する料理パーティーが毎回満席に。

◎ハンドメイド作家が「たまひよ」「サンキュ！」の公式インスタグラマーに選ばれてセルフブランディングを一新。

◎ポージング講座の講師が、中国や韓国から講座依頼やメディア出演依頼を受けるように。

◎誰にも負けない技術があるものの、集客に結びつかなかったモテメイクレッスン講師が、講座告知後すぐ満席になる日本有数の人気講師に！

◎何がしたいかわからない…と迷子になりかけていた薬剤師が、ヨガインストラクターという天職を見つけ、インスタグラムで人気が出てヨガウェアのアンバサダーに。台湾やハワイのディズニーリゾートに航空券と宿泊付きで招待されたり、沖縄でリトリートツアーを主催したり。

などなど、あげたらきりがないほどの成功率。

インスタグラムのパワーと言わざるを得ません。

私にとって、受講者がどんどん笑顔に、幸せそうに、自由になっていくのを間近で見られることがこの上ない喜びでした。

私はますますインスタグラムが、発信が好きになっていきました。

chapter 1 まとめ

✓ 自由になるための第一歩は発信！
✓ 私の自由への扉を開いてくれたのはインスタグラム

chapter 2

「発信者」になることで女性が自由になれる理由

発信をするから女性は自由になれる

あなたは「発信」と聞いてどんなことをイメージしますか？

例えば、「価値あることを言わないといけない」「何か勉強したことを伝えないといけない」いろんなイメージを持つかもしれません。


そう、昔の私もまさしくそうでした。

「こんなありふれた私の日常に、誰が関心を寄せるだろう？」

「ついブログに書いちゃったけど、こんな情報世の中の人みんな知ってるんじゃない？」

「芸能人や有名人でもない人の発信を見る人などいるのだろうか」

発信を始めた当初の私は、自分自身にも、自分の発信にも全く自信がありませんでした。


でも、今はこう思っています。

「この瞬間に、世界中で誰か一人でも待っている情報を届けることができる人＝発信者」だと。昔の私がそうだったように、まずはそれを知ることがスタートです。

なぜそれが「発信者」の定義なのか。こんなエピソードがあります。

あれは忘れもしない、世界一周に旅立ってからちょうど4か月目、インドを旅していた時です。

私は当時バックパッカーで、20円のコーラすらケチるような超節約生活。街で最も安い一泊100円くらいの安宿を渡り歩き、普段地元の人が行く「ザ・食堂」のようなところで食事をしていました。

私よりリッチでフォトジェニックな旅行をしている人は山ほどいるし、お城のような五ツ星ホテルに泊まっている人や、ミシュラン三ツ星レストランで食事をしている人もいます。

こんな、「いつお腹壊すかわからない」レベルの旅行をしている私の写真や情報など、誰が見たいんだろう？　必要としているのだろうか？　そう思っていました。

でも「発信しよう！」と決めたから、自分との約束を守るために毎日ブログを書いていたのですが、インドでガンジス河に入った後、39度の熱を出して寝込んでしまいました。当然ブログの更新も滞りました。

すると続々とメッセージが来たのです。

「侑子さんのブログ毎日欠かさず見てます。見るたびに勇気をもらい、大ファンです！最近更新がなく心配しています。ご無事ですか？」

「記事にとてもリアリティがあり、自分の考えや想いもたくさん綴られているので、まるで自分が旅しているかのよう。とても面白いです！」

「私はあなたのお母さまと同じ年くらいで、まるで娘のように思っています。私が世界を旅できない分、あなたにたくさんのことを見てきてほしい。心から応援しています」

そのとき気づいたのです。

世の中に「必要のない情報なんてない」のだということ。

60億人いたら、見たい情報も60億通りある。

「私は発信者にはなれない」と思っている人がもしいるとしたら、はっきりいって大きな勘違いをしています！

60億人に支持してもらえるものを発信しないといけないとか、より多くの人に見てもらわないといけないということではないのです！

たった一人でも見ている人をワクワクさせる、その人の大切な時間により彩りを添える。「こんな世界があるんだよ」と教えてあげる。

発信者になるということは、自分自身だけでなく他の人の人生に影響を与える存在になること。それを60億人全員がやったら世界はどうなると思いますか？

もっともっと自由で面白い世界になると思いませんか？

「三人の子供を育てていてすごく大変だよ。毎日こんなふうにドタバタしているよ」

そういう日常も、誰かが待っている情報かもしれません。

「自分はこれから何をやりたいのかわからない。日々模索しながら生きている」

そんなまさに「今」を切り取った、自分自身が成長していく様子も、多くの人の共感を呼ぶ可能性があります。

発信し始めると情報が集まってくる。それは自由への切符

「情報を受け取る側から発信する側になると、自然と情報が集まってくる」そんな成功者の声を聞いたことがある人もいるでしょう。

私の実体験も、まさにその通りでした。

私は、前述したとおり「ＴＯＫＹＯインフルエンサーアカデミー」でインスタグラムのことを教えているのですが、卒業生やＬＩＮＥ＠の読者限定でインフルエンサーにしか入ってこない情報、普通の人が入れないところや受けることができないプランなどの申込先の情報を配信しています。

例えばインスタグラムのフォロワー数や「いいね」の数に応じて受けられる「フォロ割」情報。神戸、函館、ロシアの10日間クルーズや台湾、宮古島の一週間クルーズが無料で行けるとか、眼鏡が無料で作れるとか。発信力があるだけで様々なメリットがあるのです。

時々質問を受けます。

「侑子さん、あんないい情報どこで手に入れてるんですか?」と。

実は、私が調べるよりも先に誰かが教えてくれるのです。

私がインスタグラム好きなこと、インスタグラムのアカデミーをしていることなどを知っている方々や受講生から自然と集まり、その情報を私が配信しています。すると、そのおかげで良いことがあった方々からまた情報がはいってくる……という好循環ができあがったのです。


以前私は、前述した「世界一周ブログ」で、ホテル情報や国境情報、移動情報などをたくさん載せていました。

各国の日本人が集う宿にある「旅人ノート」にも、細かくいろいろな情報を書き込んでいました。「旅人ノート」とは、後の旅人のために情報を書き込んでおくノート。私が旅立った2009年はまだこのアナログなノートも「情報交換ツール」として盛んでした。

「私の発信を見た人が、より楽しく安全に旅行ができるように」という気持ちからです。

すると、そのうち「侑子さんがこれから行くルートに含まれているジャマイカは、いま銃撃戦が起こっていて危険です」とか「トルコの○○という宿は、安くて治安もよく朝食もついていておすすめです」など、見知らぬ人たちから自然と情報が寄せられるようになってきたのです。

私は、この時初めて「発信する人の元に、情報は集まってくる」ということを自分自身の肌で体感したのでした。

2年半前に起業したときも全く同じでした。

入院中に「時間にも場所にも縛られない、より自由な選択肢を自分の手でつくる！」と決意した私は、いわゆる「会社を設立する」という一般的なイメージだけではなく、インターネットで発信をしながら「個人」でビジネスをしている人たちの存在を知りました。

無料の媒体を使って、元手をほとんどかけずに「発信」をすることで、認知を広げ、自分が持っているサービスやお店などにつなげるという方法です。私は特にサービスもお店もありませんでしたが、「考えるより先に行動する」タイプなので、とりあえず発信を始めました。

医者が起業するのも、そういう形でSNSを活用して発信するのも、当時私の周りでは全く聞いたことがなく、昔からの友達や同業者が見たらどう思うんだろう？ と怖くて不安で、実は2か月くらい悶々としていました。

でも、清水の舞台から飛び降りるような気持ちで「起業します！」と発表し、SNSで毎日発信を始めると、「私も実は起業したいと思っていた」「侑子ちゃんのエネルギーに毎日刺激をもらっています」と10年ぶりくらいに連絡をくれる人が相次いだのです。

「友達がいなくなったらどうしよう」と心配していましたが、むしろ久々に連絡をくれる友達が激増しました。

そのとき、「ああ、やっぱり発信するところに情報も人も集まるんだ。勇気を出して発信してよかった！」と心の底から思ったのです。

発信して自分をさらけ出すことは、とても怖いし不安ですよね。でも、発信をするごとに一枚一枚「制限」が外れて自由になっていくような、そんな不思議な爽快感を感じられるかもしれません。

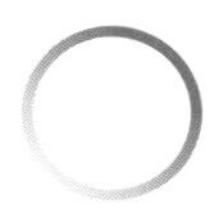

「発信者になる！」と決めるだけで、新しい世界が開ける理由

私にできるかな？　そう頭の中で考えているだけでは、人生は変化しません。

自分の力で自由になることに興味がある。
とりあえず、新しい世界を少しだけ覗いてみたい。
そう思うなら、アカウントをつくって投稿するという一歩を踏み出してみましょう。
まずは、アカウントをつくってみるという半歩でもいいです。
完璧じゃなくてもいいから。

踏み出すことさえできれば、人はそこから成長していけます！
でも、その一歩をおそれてその場に踏みとどまる人には、奇跡は絶対に起きません。
知らない世界に飛び込むことにどれだけの勇気が必要か、私はよくわかります。

一人で踏み出すのは怖いですよね？
だからこそ、この本があります！
私があなたの始めの一歩を後押しして、一緒に進んでいきます。
あなたは、少しだけ勇気を出して決意してください。
「発信者になる！」と。

「発信者」の目線で生きるか、「受信者」の目線で生きるか。
たったそれだけで、あなたを取り巻く世界は大きく変わります。

「発信する」と決めると、「人に伝える」という目線で生きるようになるので、今まで気に留めなかった様々なことに気づくようになります。
そして今まで考えなかったことをより深く考えるようになり、今まで踏み出さなかった一歩を踏み出すきっかけにもなります。

人生をより丁寧に味わいながら生きるようになります。だから、人生がもっと楽しくなるし、彩り豊かになります。

例えば私は「旅×ママ」をテーマにしたインスタグラムをしているので「他のママさんたちはどんな情報があったら喜ぶかな?」「どんなことを発信したら役立つかな?」と考えながら旅をしています。

今年招待していただいたクルーズ旅行では、「部屋にポットがある」「トイレ、お風呂がある」「キッズルームがある」「授乳室がある」「子供が食べられそうな食事が用意されている」「エレベーターがある」など「ママが気になるポイント」に着目して発信に盛りこみました。

ママ達からは「子連れでクルーズなんて乗れるんですね! 今までそんな発想ありませんでした。ありがとうございます」と、クルーズ会社からは「子連れ旅という新しいニーズの開拓ができました。ありがとうございます」と言っていただけるし、そうやって新しいご縁や次の依頼も生まれていきます。

アカデミーの受講生にスイーツ男子がいるのですが、ただ単に自分の趣味でパフェを食べに行っていた時と「発信する」ことが前提で行くようになった今では、お店での過ごし方が全く違うそうです。特に何も考えずに「美味しい！」とパフェを頬張るのではなく（それはそれでとても幸せな時間ですが）、新商品や裏メニューの頼み方に着目してみたり、おすすめパフェが何でできているか細かく見てみたり、原材料やカフェの内装に気を付けてみたり、「見てくれる人とお店、両方のプラスになるような発信をしよう！」という目線でカフェに行って発信するようになったのだとか。

すると、行ったことのないレストランやカフェから招待され、お店の人と懇意になり、海外のフォロワーさんからも「行きたい！」とメッセージが来たりと、新しいご縁がたくさん生まれるインスタアカウントになりました。

では、ここで1つ実験をしてみましょう。

あなたは今どこにいますか？
電車の中でしょうか。自宅でしょうか。会社でしょうか。まず深呼吸してから、「青いもの」に注目しながら、あたりをゆっくり180度見渡してください。

では、次ページを開いてください。

「赤いもの」はいくつあったでしょうか？

「え？　青いものじゃないの？　赤いものなんて見てなかったよ！」

と思ったかもしれません。「人がいかに自分の求める情報しか取り入れていないか」ということを体感してもらうための実験でした。

人間の脳というのは「青いもの」に注目しているときは「青いもの」がより目につくようになっているのです。

「発信者の目線で生きる」というのも、まさにこれと似ています。

そう決めることで、今まで見逃していた「発信」のための情報を積極的に探すようになるのです。それが最終的に新しい世界や自由へとつながっていきます。

まずは「発信者になる！」ことにチャレンジしてみましょう！

自分の「好き」を知ることが、発信で自由になる近道

「発信が大切なことはわかりました。私も発信者になってみたい。ただ、何を発信したらいいかわかりません！」と思っている方もいるかもしれません。

ここで、それを探索するワークを一緒にやってみましょう！

「私が好きなこと30のリスト」です！ 私はこのワークが好きで何度もやっています。

発信の話は一旦置いておいて、ひたすら「あなたが好きなこと」を30個書いてみてください。ジャンルも関係なく、思いついた好きなことで良いのです。

まず大切なのは、自分が何を好きなのかを知ること。

案外自分の好みがわからず、つまずく人がとても多いのです。

「自分の好きな情報」を伝えて「こんなことみんな知ってるかな……」と思いつつ発信してみたら、全然知らない人から「わー、これ知りたかったんです！ ありがとうございます！」と反応されたら、嬉しくないですか？

私が好きなこと 30 のリスト

「好きなこと、もの」を 30 個書き出してください。
私の例：旅行、家族、スキー、自然、アウトドア、お寿司…etc.

1
2
3
4
5
6
7
8
9
10
11
12
13
14
15
16
17
18
19
20
21
22
23
24
25
26
27
28
29
30

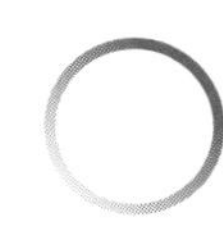

発信を始めるにあたって大切な2つのステージ

今まで「情報を見る側」だった人も、まずは発信を始めることが、自由になる第一歩だということが伝わったかと思います。

では、ここで仮に「発信して自由になるぞ」と決めたとしたら、あなたにとって楽しく発信し続けられることとって何ですか?

「好きなこと30」のワークで書いたものの中に、「毎日発信できるくらい好きなこと」はありますか?

ステージ1　まずはテーマを選んで、毎日発信し続けてみましょう。

最低1か月、毎日発信を続けているとだいぶ発信に慣れ、「発信する」という習慣をつけることができます。「1か月」これが「続ける」という基準です。

「人様に見られるのだから、ちゃんとしたテーマじゃないと……」とか、「こんなこと発信しても誰も見てくれないんじゃないかしら」と思う必要はありません。大切なのは、「発信を始める一歩を踏み出すこと」「発信を楽しむこと」そして「続けること」です。

ここでのポイントは「投稿することに慣れること」です。ゴールは考えずに、発信を楽しんで続ける習慣をつくってください。

「1か月ただただ機械のように投稿し続けるのは、なんか辛そう……」と思う人もいるかもしれないですが、ステージ1を1か月続けないといけないわけではありません。その間に次のステージ2に移ってもいいですよ。

ステージ2 「発信して手に入れたい理想のゴール」を考えていきましょう!

「女性が自分の力で自由になる」ために、とても大切だけど、多くの人が深く考えていないポイントです。ここをきちんと考えるだけで、「結果に結びつく」「差がつく」アカウントづくりができます。

あなたが叶えたい「理想のゴール」は何ですか？

同じような趣味を持つ人とつながること？ 新しい世界を知りたい？ 有名になりたい？ 経営しているエステサロンやカフェの認知度を広げて集客につなげたい？ 料理教室やフラワーアレンジメントの教室に来てほしい？ ブランディング？ 出版？ 読者モデル？ PR案件がほしい？

「そもそも発信で何が叶うのかわかりません」という人のために、私が自由を手にするきっかけとなった「インスタグラム」を例に、実際にこんなことが叶った！ という実例を紹介します。

あなたが叶えたい「理想のゴール」へのヒントが、隠れているかもしれません。

時計メーカーの広告塔最終選考に落選して、猛烈にインスタグラムの研究を始めた当時の私の目標、インスタグラムで叶えたい「理想のゴール」は、「航空会社の機内誌で執筆をすること」でした。

え？　そこ⁉　とよく驚かれますが、そうなのです。

「インスタで有名になって出版」「インスタで有名になってＴＶのＣＭ出演」という話を聞くので、「インスタで有名になって機内誌で執筆」を本気で狙っていましたし、今でも私の目標の一つです。

というわけで、インスタグラムのテーマは自然と「旅行」になりました。

「機内誌で執筆」の夢はまだ叶っていませんが、もう一つの夢が叶ったのです！　それは、「仕事で旅行に行く」ことです。

私は「三度の飯より旅行が好き！」と本気で思うくらい旅行が好きで好きで仕方がなく、旅行はまさに私の人生でありライフワーク。

旅行に「仕事」で行けるようになったらどんなに素敵だろう！　とずっと思っていました。

まさかその夢がインスタグラムで叶うとは……。

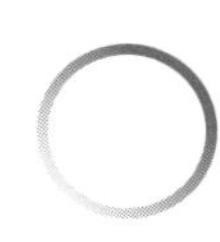

ゴールを決めるだけで次々と実現した私の7つの夢

はじめに「仕事で旅行に行けるようになる」兆しが見え始めたのは、インスタグラムをスタートして半年ほど過ぎた頃でした。次々と舞い込んできた「旅行」に関する依頼について、私の経験を紹介します。

①スーツケースメーカー最大手企業の商品ＰＲ
私はそれを持ってベトナムに行き、アオザイと一緒にスーツケースの写真を撮って投稿しました。「すごい！ 私のインスタグラムがついに旅行につながり始めた！」と大興奮したのを覚えています。

②イタリアのクルーズ船ＰＲ（スイートルームで1週間の海外クルーズを体験）
二人部屋だったので、友人に急遽スパルタインスタ講座を開講し、２０００フォロワー増やしてもらい、彼女の分も「ご招待」で一緒に1歳の子連れクルーズ旅行を楽しみました。

③沖永良部島のＰＲ
長年ずっと行きたかった沖永良部島での仕事の依頼を受け、娘と行ってきました。

④シンガポールでインスタグラム講座
駐在日本人の方々を対象に、インスタグラム講座を開講しました。

⑤航空会社のアンバサダーに就任
「機内誌で執筆」とはまた別の形ですが、憧れの航空会社と仕事ができました。

⑥国内クルーズ船のＰＲ
友人や子供たちを連れて、船内で最も良い部屋に泊まって旅行をしました。

⑦スイスインターナショナルエアラインズからの招待でスイス旅行へ
25年に一度のワイン祭りや、クルーズなどを楽しみました。

これらは旅行に関する依頼のほんの一部ですが、すべて招待です。
最近ではすべての旅行の仕事や招待に対応することが難しく、泣く泣く半分くらいはお断りするほどになっています。

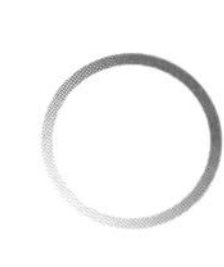

地方創生という夢の答えはここにあった!

旅行だけでも多くの夢が叶っているのですが、それだけではありません。

私は、かねてから「地方創生」をしたいと思っていたのですが、一体どんな形で力になれるのか悩んでいたところ、その答えをなんとインスタグラムに見つけたのです!

例えば、
◎高知県の自治体SNS担当の方々対象に「インスタグラムを活用した地方の魅力の伝え方」をレクチャー。その後は、観光地をまわりながらその場で投稿する実践講座を開講。
◎航空会社の山形便就航にあたり、地元に観光誘客するためのインスタグラムセミナーの講師。
◎以前住んでいた東京都青梅市の地方創生の一環で、御岳山のイベントのインスタグラムによる発信をお手伝い。
◎埼玉県鴻巣市の日本一高いピラミッドひな段やひな祭りを、より多くの人に知ってもらう活動。

◎現在住んでいる長野県中野市のスペシャルアンバサダーに任命され、他のアンバサダーを任命、指導しながら地域の魅力を発信。
◎（地方ではないですが）東京都からの依頼で「起業支援＆インスタグラム」講座をさせていただいたところ、１４０名以上の方から申し込みが！

各地それぞれに違った魅力があるので、「インスタグラムで地方創生」といっても手法は様々。**それぞれの地域に合ったベストな発信の仕方**があります。

地域の特産物や観光地のＰＲ以外にも、インスタグラムでの発信方法を提案し、実際にコンサルティングしてほしいという依頼もいただくようになりました。私一人ではなく、アカデミーの受講生たちと一緒に請け負うこともあります。

私のインスタグラムとアカデミーが、日本の地方活性化に少しでも役に立てることは心から嬉しいです。

ミセスグランドユニバース・アジア代表の栄誉に

そして、2018年日本代表として出場したミセスコンテストアジア大会では、インスタグラムのおかげで数多くの方々や企業からの協力を得られました。

世界各国からの全出場者の中でも、私が断トツでフォロワー数が多く発信力もあったので、大会中に出場者を対象としたプチインスタグラム講座を開いたら大好評。

最終的には、パーソナリティ部門でグランプリを受賞することができました。

大会の様子を毎日リアルタイムで発信していたところ、今度はミセスグランドユニバース世界大会に、2019年アジア代表で出場してほしいと主催者から直接オファーがあり、1次審査、2次審査、最終審査を何も受けずにアジア代表に決まりました。

グランドユニバースでは、ミセスコンフィデント賞という特別賞をいただき、世界大会のアンバサダーにも選ばれました。

さらに、なんとフィリピンの大会主催者から、日本代表ではなくアジアパシフィック代表（つまり、アジアとオセアニア数十カ国の中の代表者）を選ぶ権限を私に任せたいとのオファーがありました。

日本人でもその他アジア諸国の人でも、オーストラリア人でもいいけれど、「Ｙｕｋｏ Ｎａｋａｊｉｍａが推す人」を必ず毎回この大会に出場させたいという、あり得ないほど光栄な話です。

社会貢献を軸としている世界大会なので、「世界的な発信力がある」というのがアンバサダー就任を含め一連のオファーの決め手となりました。

また、世界大会で私が着用したドレスが飛ぶように売れ、「某有名テレビ番組から提携の話が来た」と、ドレスを提供してくださった企業「イリエドレス」からも、お礼を言われました。

他にもインスタグラムから受けた恩恵、ＰＲや仕事は書ききれないほどたくさんあるのですが、最後にどうしても欠かせないのはやはり本書の出版と「ＴＯＫＹＯインフルエンサーアカデミー」開講です。

一人の力でできることはたかが知れているかもしれませんが、みんなが集まれば果てしなく広がります。

私はアカデミーを日本一のインフルエンサー集団にして、様々な可能性に挑戦していこうと真剣に思っています。

こんなふうに自分自身だけではなく他の方々の人生にも貢献できるということは、インスタグラムが私にもたらしてくれた最高のプレゼントです。

そして、この数々の出来事は、私が本気でインスタグラムを始めてからたった2年弱の間に起こったということを重ねて強調したいのです。

インスタグラムのおかげで、私の人生は激変しました。

私の実例は、理想のゴールが「機内誌で執筆すること」だったので、旅行をテーマに選んだゆえの結果ですが、受講者たちは多種多様です。

◎インスタグラム経由での撮影依頼が、今まで一件もなかったカメラマンが、インスタグラムを改善したことで数か月先までブッキングされる超人気カメラマンに。
◎薬膳カフェ経営者が、ずっと憧れだった「養命酒」とコラボセミナーを開催したり。
◎ラグジュアリーホテルのPRをしたいと言っていた美容好き女子が、アカデミー受講1か月でホテルニューオータニのアンバサダーに選ばれ、毎日多数のPR依頼が絶えない人気インスタグラマーに。
◎イタリアが大好きな会社員が、イタリアの老舗レザーメーカーからの招待でミラノ本社を訪問したり。

たくさんのストーリーがありすぎて、とても書ききれませんが、受講生全員が十人十色の「理想のゴール」を叶えてきました。

ただ一つ言えることは、伝える側、発信する側になって自分の人生が自由になったということです。

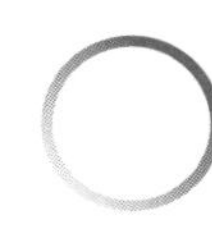

あなたが望む「自由な姿」とは？

さて、ここまで私や受講生が叶えた様々なケースを紹介しましたが、あなたの「理想のゴール」のイメージに合う例はありましたか？

なぜ私がこんなにも「理想のゴールは何か？」にこだわるのかと言うと、ゴールがきちんと決まっている方が、圧倒的にインスタグラムアカウントの成長スピードが速く、「自分の力で自由になる」という結果に結びつきやすくなるからなのです。

せっかくフォロワーが増えたのに「ゴール」を考えていなかったから、結局何にもつながらなかった、というのは〝インスタあるある〟の一つなのです。

例えば、企業の方から「自分の商品を宣伝してもらいたいからこれを投稿してください」と言われ、その見返りとして一投稿あたりの報酬や商品がプレゼントされる、いわゆる「PR案件」をいただくことがゴールの方と、「本の出版」がゴールの方では、投稿写真はもちろん、文章、ハッシュタグ、加工の仕方、自己紹介などすべてが変わってくるのです。

インスタグラムが人気になって出版につながるパターンは何人も知っていますが、私が知る限り、ほとんどの方がアカウントの「専門性」が際立っています。

◎プチプラファッションの中でも綺麗めで、「これが全身総額○円？」と誰もが驚き、でも誰もが真似できるようなアカウント。

◎メイクの中でも眉に特化していて、やり方と実際に使ったコスメアイテムを詳しく解説しているアカウント。

◎激戦区「お弁当」ジャンルの中でも、あえて器にもこだわらずキャラクターも一切ない、インスタ映えしない「シンプル弁当」に挑戦したアカウント。

専門性が高いアカウントを見ているフォロワーたちは、投稿者のファンというよりは、アカウントの世界観のファンだったり、読み物として楽しんでいたり、情報として参考にしているパターンが多いのです。

一方、多数の「ＰＲ案件」をしているアカウントは、専門性はそこまで高くなく、投稿者自身の露出が多めです。

フォロワーたちは、投稿者自身やそのライフスタイルに憧れていることも多く、

「〇〇さんのおすすめなら使ってみようかな」

「〇〇さんが着ているから私もほしい」

といった形で「ＰＲ」という仕事が成り立ちます。


あなたはどんな状態になったら「私は自由だ！」と思えますか？

あなたの「理想のゴール」は何ですか？


「まだイメージが湧かない」という方は、ぜひいろいろな人のインスタグラムを見てみてください！　きっとあなたの「理想のゴール」に近いインスタグラムが見つかるはず。

もちろん、私やアカデミー受講生のインスタグラムはいつでも大歓迎！「＃ＰＲ」と検索すると、みんながどんなＰＲをやっているのかわかって楽しいですよ（「＃tokyo インフルエンサーアカデミー」と検索すると、私や受講生たちの投稿が見られます）。

あの人よりも10倍の速さで自由を手にする思考法

あなたの「理想のゴール」をさらに浮き彫りにするためのワーク「人生やりたいこと100のリスト」をつくっていきましょう！

その前に、なぜこのワークが大切かを伝えておきますね。


ここに、1979年にハーバード大学のMBAコースで行われた有名な研究があります。

学生それぞれが目標を持っているか、またそれを紙に書いているかの調査を行いました。

その結果、卒業時に3％の人が「目標を持って紙に書いている」、13％の人が「目標を持っているが紙に書いていない」、84％の人が「目標を持っていない」と答えました。


10年後に行われた追跡調査で、「目標を持っているが紙に書いていない」13％の人は「目標を持っていない」84％の人の2倍の収入を得ていることがわかり、さらに「目標を持って紙に書いている」3％の人は、残りの97％の人の10倍の収入を得ていることがわかったそうです。

つまり、「目標を持つ」さらに「それを紙に書く」ことが、その後の行動に大きく関わってくるということです。

私はこのワークを数年おきにやっているのですが、毎回80個くらい書き出したところでつまってしまい「案外欲がない人間なのかな」と思ったりもします。でも、数年たってから前のものを見直すと3割から半分くらいが実現しています。

とにかく「やりたい」「叶えたい」「ほしい」「行きたい」「会いたい」そのような願望を大小関係なくどんどん書き出していくだけです。

大切なのは、「自分が思っていることを言葉にする」、そしてそれを視覚化できるように「書く」ということ。

自分の中で漠然と願っているのと、実際に書き出して「ああ、私はこんなことを思っているのか」と認識するのでは、その後の行動が全く違ってきます。

51
52
53
54
55
56
57
58
59
60
61
62
63
64
65
66
67
68
69
70
71
72
73
74
75
76
77
78
79
80
81
82
83
84
85
86
87
88
89
90
91
92
93
94
95
96
97
98
99
100

人生でやりたいこと 100 のリスト

自分の人生においてやりたいことを 100 個書き出してください。

1
2
3
4
5
6
7
8
9
10
11
12
13
14
15
16
17
18
19
20
21
22
23
24
25
26
27
28
29
30
31
32
33
34
35
36
37
38
39
40
41
42
43
44
45
46
47
48
49
50

chapter 2 まとめ

✓発信をするから女性は自由になれる
✓見ている人はたった一人でもＯＫ
✓発信を始めると、あなたのところにどんどん情報が集まってくる！
✓発信者になる！と決めて発信者の目線で生きると世界は瞬く間に変わる
✓好きなことをテーマに選び、毎日発信してみよう
✓叶えたい「理想のゴール」を決める
✓「目標を持つ↓紙に書く」で目標達成率が上がる

3か月ですべての女性は自由になれる

「自分の好きなことの発信＝自由への道」の法則を知る

発信を続けたら本当に自由になれるのかな？　私の発信を誰が見てくれるんだろう？　と思いながらつくったアカウント。それが、投稿する度にフォロワーをどんどん増やしていき、好意的なメッセージが届くようになる。そんな変化が楽しくて発信していたら、3か月もしないうちにフォロワーも1万人を超えるようになり、あなたの発信を「見てます！」「楽しみにしてます！」と言ってくれる人がどんどん増えていく。

短期間で、それほどの影響力と人気を兼ね備えたアカウントにするために必要な土台となるのが、「好きなこと30リスト」と「人生でやりたいこと100リスト」ワークでした。

でも、もしかしたら、「自分の好きなことばかり投稿していても、誰も興味をもってくれないのでは？」と思う人もいるかもしれません。

もし、あなたがそう感じているのであれば、それはあなたにインフルエンサーとしての才能がある証拠ともいえます。発信をすることで多くのファンがつき、自らも時間と経済的な自由を手にすることができている人は「自分の好きなこと」と「見ている人が知りたいこと」が重なる部分がどこなのかを見極められるからです。

例えば、私は旅行が好きだけど、情報を伝えたい人は「ママ」だから、単純に「旅行が楽しい！」ではなく、「ここの旅先では、子ども用にこんなサービスがありました！」という情報のほうが知りたいだろうな、と見極めて、その内容を発信するという力。この力を手にすれば、私たち自身は好きな旅行をすることもできるし、見ている人は旅先での耳より情報を知ることができ、まさにｗｉｎ－ｗｉｎの関係となり、好きなことをしてファン（フォロワー）が増え、自分の力で自由になることにつながっていくのです。

それでは、「自分の好きなこと」と「見ている人が知りたいこと」が一致する、そんな自由につながる人気アカウントにするにはどうすればいいのでしょうか。

実は、そんな「人気アカウント」はわずか８ステップでできるのです。

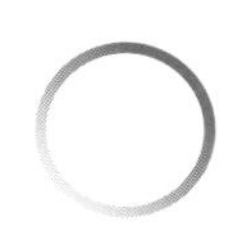

1万人フォロワーアカウント8ステップ

1　理想のゴールを決める

ステップ1では、「理想のゴール」をより具体化し、自分の理想とする自由を設定します。

圧倒的なスピード感で目標を達成する人たちに共通しているのは「ゴールが具体的」で「期日を決めている」ことなのです。

例えば「北海道に行きたい」というのと「明日の昼12時までに札幌の時計台に行きたい」というのでは全然違いますよね。


もし理想のゴールが「自分の力で自由になりたい」だとしたら、あなたにとって「自由」とは何でしょうか？

行きたい時に行きたいところに行けること？　それとも買いたい時に買いたいものが買えること？　家族とゆったり過ごす時間が手に入ること？　会社を辞めても「どこでも働ける」自信が持てること？……十人十色、様々な自由がありますよね。

ゴールが「自分や自分のサービスのことを多くの人に知ってほしい」つまり「認知度を

上げたい」だとしたら、どんな状態になっていたら「認知度が上がった」と思えますか？　フォロワーが100万人になった時？　それとも、「楽しく見てます」とか「あなたのサービスに興味があります」など一人でもメッセージが来た時でしょうか？

「集客したい」がゴールなら、どんな状態になったら「集客できた！」と言えますか？　10人が実際に店に来たら？　それとも、100人？

漠然と「自由になりたい」「認知度を上げたい」「集客したい」というゴールを設定していても、具体的なイメージや指標がないと「ゴールに到達した」のか「していない」のかわかりません。

「一人でもメッセージが来たら嬉しい」がゴールだったとしても、隣で「ハンドメイドアクセサリーがインスタで100個売れた！」なんて話を聞くと「いいなあ」と思ってしまいます。そんな時こそ**あなた自身の「理想のゴール」**を思い出してほしいのです。

あなたは、他人の人生を生きているわけではありません。他人の成功には「素晴らしい！」と拍手を送るだけ！　比べる必要は全くありません。自分のゴールに向かって進むだけです。

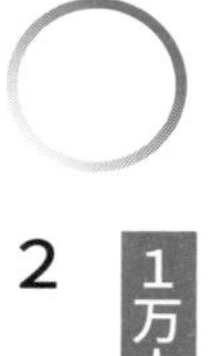

2 「届けたい人」を決める

ステップ1で理想のゴールを具体的に設定しましたね。
例えば「インスタグラムを投稿するだけで毎月10人集客すること」
明確です。

でも、インスタグラムに投稿するだけで「理想のゴール」は叶いません。

自分が得たい結果を得ている人たちは、絶対に
「理想のゴール」+「誰に届けたいのか？」を考えているのです。
「どんなに頑張っても結果が出ない！」という人は、ここが抜けていることが多いのです。

投稿に、どんな人からコメントが入ったら嬉しいですか？
どんな人からメッセージが来たら嬉しいですか？

サービスに、どんな人から申し込みがあったら嬉しいですか？

つまり、誰に届けたいかというのは、どんな人からコメントやメッセージ、申し込みが入ったら嬉しいかということですよね。

「いつも写真が綺麗ですね！」

「私も子育てをしているので共感します！」

「ぜひあなたのお店に伺いたいです」

「あなたのサービスを受けてみたいです！」

こんなコメントが、あなたのインスタグラムに入ってきたとしたら……。

コメントをくれた人は女性でしょうか、男性でしょうか？　何歳くらい？　普段は何をしている人？　明るくて積極的な人？　それともちょっと引っ込み思案で勇気を出してメールをくれたような人？

もちろん、その人だけに自分の発信を届けたいわけではなく、「メインとして届けたい人は誰ですか？」ということです。

核となる人を設定すれば、周辺の人たちにも自然と発信が広がります。

「届けたい人」を明確にイメージしてみましょう。

3　自分を表すキーワードを探す

あなたはどんな人ですか？　あなたの環境、状況、職業、肩書きなどで自分自身を表す代表的な言葉を3つ書いてください。

ステップ1、2では理想のゴールと届けたい人を決めました。ステップ3から8では、あなたがいるコミュニティ（ママ仲間、ＯＬつながり、エステ業界など）で、「これを見ておくといいよ！」と言われるようなアカウントをつくっていきます。そのために、まずは自分自身のことを把握しないといけないのです。

発信することを途中で挫折してしまう人の共通点に「投稿するのがつまらなくなっちゃいました」があります。自分が興味をもっていないものを投稿していたり、周りから「こんな写真を投稿するとフォロワーが増えるよ」と言われて無理やり投稿していたり。

フォロワーも1万人を超え、「人気はあるんだけど、本当の自分じゃない気がして発信するのが辛い……」そんな相談も実はよくいただきます。

つまり、自分自身に合っていないものをやっているから、途中でうまくいかなくなるんですね。

では、自分自身に合っているものとは何でしょうか？

第2章の「好きなこと100リスト」から探し出してもいいです。

「自分で自分自身のことをどんな人だと思っているか？」これが、自分に合っているかどうかをはかる物差しになっています

自分の日常を楽しく切り取って投稿すると「いいね！」とコメントがつく方が断然いい！と思うのであれば、まずは自分を正確に把握しないといけません。

ポイントはたった2つです。
①自分はどんな人か、趣味、環境、状況、住まい、家族構成などを最低3つ書き出す。
(例) ママ・田舎暮らし・旅行好き
②肩書や仕事を最低3つ書き出す。
(例) 医者・経営者・インスタグラマー

4 自分を表すキーワードから、一般的なイメージをあげる

ステップ4では、ステップ3で書いた3つ以上の言葉から、一般的なイメージワードをあげてみます。あなたの主観ではなく、一般的なイメージです。

それぞれに対して最低10個書いてみましょう。

例えば美容院。

多くの美容院、美容師さんがインスタグラムのアカウントを持っていますよね。

ヘアアレンジやヘアスタイルは、写真や動画で表現しやすいのでインスタグラムととても相性がいいからです。

数多くのライバルがいる中で、他と同じような投稿をしているだけで、あなたのアカウントが人気沸騰することはあるでしょうか。なかなか難しそうですよね。

どうしたらそのコミュニティで一躍人気アカウントに躍り出て、自分から集客しなくても人が自然に集まるのでしょうか。

その第一歩は「自分のコミュニティが一般的にどんなイメージを持たれているのかを知る」ことです。それにより、他との差別化がとてもしやすくなるのです。

ではいきましょう！

「美容院」の一般的なイメージは？

・美容師さんがおしゃれ
・カリスマ美容師がいる
・子連れでは行けない
・待ち時間が長い

「ママ」の一般的なイメージは？

・ママ友とおしゃべりするのが好き
・自分の自由時間がない
・子供を置いて旅行には行かない
・飲み会に行けない

5 イメージを逆転させる

ステップ4で「自分のいるコミュニティが一般的にどんなイメージを持たれているのか」がわかりましたね。ステップ5では、ステップ4で書き出した「一般的なイメージワード」を逆のイメージで書き出してみましょう。

改めてお聞きします。
どうしたらその中で一躍人気アカウントに躍り出て、自分から集客しなくても人が勝手に集まってくるようになるのでしょうか?

ポイントは、その中で「こんなアカウント初めて見た!」というアカウントをつくっていくことですね。そのためには……?

ステップ4で書き出した「一般的なイメージ」を単純に逆転させてみてください。

これから起業しようと思っている人、サービスを考えようと思っている人にとっては、**コンテンツづくりやブランディングのヒントにもなると思います。**

「美容院」であげた、一般的なイメージの逆転は？

・美容師さんがおしゃれ↓美容師さんがダサい
・カリスマ美容師がいる↓カリスマ美容師がいない
・子連れでは行けない↓子連れOK
・待ち時間が長い↓待ち時間0。完全予約制？

「ママ」であげた一般的なイメージの逆転は？

・ママ友とおしゃべりするのが好き↓ママ友とおしゃべりするのが嫌い
・自分の自由時間がない↓自分の自由時間がたくさんある
・子供を置いて旅行には行かない↓子供を置いて旅行に行きまくっている
・飲み会に行けない↓飲み会に行く

6 自分の興味のあるものをピックアップ

ステップ6では、ステップ5で書いたものの中から、あなたが興味のあるものをピックアップします。

どれだけ唯一無二でも、どれだけヒットしそうでも、偽の自分自身を投稿し続けて疲れてしまうようなアカウントは続きません。

毎日楽しく投稿でき、「初めて見た！」「面白い！」とコメントが入り、口コミでどんどん広がっていく。

私のメインアカウントはまさに「子供が小さいうちは旅行には行けない↓小さい子供を連れて一緒に旅行に行く」この逆転の発想からつくられています。

生後3か月からオランダに連れて行き、1歳の時は8回海外旅行に、ほぼ月1～2回国内旅行をしています（「生後3か月でオランダ」を推奨しているわけではないので、行かれる際は個人の判断でお願いします）。

「子育てで忙しい→子育てが暇！」の発想で「子育てが暇すぎてやばい！」というアカウントがあっても面白いかもしれませんね。「暇ポイント」を日々面白可笑しく発信していく、そんなアカウントがあったら同じママとして見てみたいし、そのマインドを取り入れたいです。

「車がないと生きていけない→車は持たずどこでも歩いて行く」アカウントもいいかもしれません。本来は車で通勤する距離を毎日片道2時間、往復4時間かけて歩き続け、ぽっちゃり君が徐々に引き締まりイケメンになっていくダイエット日記とか。旅行や出張先では「京都編」とか「北海道編」にして時々新鮮さも追加して。これ……間違いなくヒットすると思います。

さて、あなたがあげた中に「チャレンジしたい！」「こんなアカウントあったら面白そう！」というものはありましたか？
あったら◯をつけてください。
もしなければ、ステップ3に戻って、また違う言葉を書き出してみましょう。

7 「届けたい人」が見たいテーマかどうかを検証

ステップ6で選んだテーマは、ステップ2で書いた「発信を届けたい人」が「見たい！」と思えるものですか？

「朝起きるとあなたのアカウントを開いて更新をチェックします」
「少し疲れたなーと思った時は、あなたのインスタで癒されてます」
そんなメッセージが届いたら、とても嬉しくないですか。

逆に、自分自身は「最高に楽しい！」と思って投稿していても、見てくれる人はゼロ人。
そんなアカウントは寂しいですよね。

私は「子供と一緒に旅をする」を一つのテーマにメインアカウントを届けていますが、
もし私の「届けたい人」が「地方に住む中間管理職のサラリーマン独身男性」だとしたら、

彼らが私のアカウントを「見たい！」と思う可能性は皆無です。

先述の「どこでも徒歩で行く」アカウントも、届けたい人が「常にハイヒールを履きながら、お洒落にバリバリ仕事をしている30代の丸の内ＯＬ」だったら……おそらく彼女たちはこのアカウントに興味はないでしょう。

一方、「ダイエットしたい！　でも痩せられない。どうしたらいいんだ！　と嘆いている大学生」だったら、「往復４時間徒歩ダイエット」は刺さるかもしれません。

あなたの発信を届けたい人は、あなたが選んだテーマを見たいと思いますか。

もし「どう考えても、見たいとは思わないだろう……」というテーマであれば、もう一度ステップ３に戻ってみましょう。

1万人フォロワーアカウント8ステップ

8 「理想のゴール」につながるテーマかどうかを確認

ついに最終段階です。ステップ6で◯をつけたテーマは、ステップ1で書いたあなたの「理想のゴール」につながるかどうかを確認します。

理想のゴールが「自分がつくったアクセサリーを買ってもらうこと」だとしたら、「子供と一緒に旅行に行く」というテーマはそれにつながりますか？　なかなか難しいかもしれませんね。でも、アクセサリーではなく旅行グッズなら、可能性は十分に出てきます。

そんな視点で、テーマがゴールにつながるかどうかを判断してみましょう。もしつながらないようであれば、もう一回ステップ3かステップ6に戻ってやり直します。

こうやって考えていくと、魅力的なアカウントのテーマは無限に出てきます。私はいつも、受講生のアカウントを一緒につくる行程が楽しすぎて、どんな未来が切り開けるんだろう？　とワクワクしています！

1万人フォロワーアカウント8ステップ

ステップ1 理想のゴールを決める

↓

ステップ2 「届けたい人」を決める

↓

ステップ3 自分を表すキーワードを探す

↓

ステップ4 キーワードから一般的なイメージをあげる

↓

ステップ5 イメージを逆転させる

↓

ステップ6 自分の興味のあるものをピックアップ

↓

ステップ7 「届けたい人」が見たいテーマかどうかを検証

↓

ステップ8 「理想のゴール」につながるテーマかどうかを確認

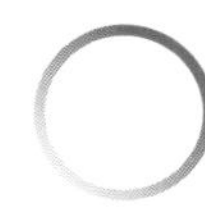

自由を目指して！フォロワーアップへの重要ポイント

◎「あなたのアカウントと出会ったおかげで人生が変わりました！」というメッセージが届いたり。
◎今まで使っていた化粧品を紹介するだけで、毎月それが提供されるようになったり。
◎毎日頭を悩ませていた集客から解放されて、コンテンツが出来た瞬間に満席になったり。
◎自分の発信が誰かのためになっている実感を持つことで、自分の人生にもビジネスにもやりがいを感じることができたり。

そんな自由な未来につながる影響力を手にするための、具体的な8ステップのワークを行いました。

そこで決まったテーマをもとにインスタグラムのアカウントをつくり上げていくわけですが、ここから、「次から次へとフォロワーが増え、自由をつかみ取っていくアカウント」にするために、絶対に重要視すべきポイント3つを解説していきます。

①テーマの断捨離をする

インスタグラムといえば、写真！

多くの人に影響を与え、「いいね」やフォロワーが増えるアカウントの写真は、8ステップワークで決めたコンセプトそのままではダメなのです。

コンセプトが「旅」だからといって、旅の写真をなんでも投稿すればよいわけではなく、インフルエンサーは「旅」をさらに**細分化**しているのです。一人旅、家族旅行、カップル旅、シニアの旅……。

「カップル旅」を例にあげてみると、これでもまだカテゴリーとしては大きいのです。さらにもう一段細かくして「夫婦旅」「女同士の旅」「男同士の旅」のようにしていきます。

「カップル旅×女同士」そこにさらに**＋αを掛け合わせる**。

×温泉
×海外旅行
×世界遺産
×グルメ

大抵○×○×○と掛け合わせるテーマを3つ揃えると、自分が勝てるポジションが見つかります。

例えば「コスメ紹介×眉毛×動画」とか、「スイーツ×アラフォー男子×ひとり旅」など。

インスタグラムが他のSNSと違う最大の特徴の一つに、一気に15枚程度（スマホの機種にもよりますが）の写真が見られるというポイントがあります。

つまり、たくさんの写真を一度に見られるので、他のSNSに比べて一瞬で見ている人に世界観を伝えることができるのです。

逆に、その15枚の中に5つも6つもテーマがあったら？

例えば、今日は素顔にパジャマでの在宅写真、明日はばっちりメイクで銀座を歩いている写真、明後日はお昼に食べたラーメンの写真、次の日はインスタ映えカフェの写真、その次は最近使っている美容液の写真。こんなアカウントがあったらどうですか？

好きな芸能人のアカウントならいざ知らず、「また見に来たい！」とは、なかなか思わないですよね。

すっぴん写真ならば、美肌ケアのアイテムを紹介したり、洗顔方法の豆知識を伝えたり

「すっぴん」×「美容」で統一したほうがシンプルでわかりやすく、ファンがつきやすいアカウントになります。

よし、わかった！　じゃあ「食」で統一しよう！　と、日本食、ラーメン、イタリアン、フレンチ、スイーツと幅広く投稿するよりも、ラーメンならラーメン、スイーツならスイーツで統一したほうが、わかりやすくファンもつきやすいのです。

要は、**「このアカウントは何のアカウントなのか」「このアカウントを見に来たらどんな情報が得られるのか」**が明確であればあるほど、ファンはつきやすくなります。

さあ、8ステップワークで決めたコンセプトをさらに細分化して、あなたの○×○×○を考えてみましょう。

3つも思い浮かばないという人は○×○の2つでもいいです。

投稿しているうちに慣れてきて、段々と3つ目が思い浮かんでくることもあります。

②ナンバーワンになる

自由になるために「ヒットするアカウントをつくろう！」という時に考えないといけないのは、「ナンバーワンになる！」ということです。

例えばテーマを「カフェ」にするのであれば、「カフェの中のどこならナンバーワンを狙えるか」を考えるのです。

インスタ映えカフェを紹介するアカウント。競合が山ほどいそうでナンバーワンまでの道のりはかなり険しそうですね。

では、「インスタ映えカフェのメニュー紹介」とかどうですか？

ホームページがしっかりつくられた大手のカフェなら、メニューまで載っていることもありますが、小さな個人店だとメニューがすべて載っていることは少ないです。

ちなみに私調べによると、「インスタ映えカフェのメニュー」アカウントはまだ存在していません。あなたがすぐにこのテーマでアカウントを開設すれば、おそらくナンバーワンをとれると思います。

いやいや、「メニュー」ばかり紹介して、侑子さん以外に見る人いるの？という声が聞こえそうですね。

結論からいうと、大勢いると思います！

ではどんな人が見るのか？

まずは、カフェ巡りが好きな人たち。

なにもメニューしか紹介しなければならないわけではありません。

あなたのフィードに上がってくる「1枚目の写真」のテーマさえきちんと絞れていれば、**2枚目以降の写真は多少テーマがずれていてもいい**のです。

つまり、1枚目でインスタ映えカフェのメニュー紹介、2枚目でカフェのインテリア、3枚目でグルメ、4枚目で食器、5枚目で外観といった構成でもいいのです。

文章では、カフェの特徴やスイーツの味、店主の珈琲豆へのこだわりなどをたっぷり紹介しましょう。そして、「数あるメニューの中でも店主一押しはこれだ！」「メニューには載っていない裏メニュー」などの、あなたしか知らない情報もできるだけ書きましょう。

すると、カフェ巡り好きな人たちは、きっとあなたのアカウントを見に来るでしょう。もしこんなアカウントがあったら、少なくとも私はファン1号になると思います。

ぜひ「テーマの断捨離」をしましょう！
テーマを絞っていくと、どこかに「あなたがナンバーワンになれるテーマ」があります。実際にそのテーマでアカウントをつくっていくかどうかは、「発信を届けたい人」がそのアカウントを見たいかどうか？ とも照らし合わせて考えてみてくださいね。

ちなみに、出版やメディア出演を目指している人は、特に「テーマの断捨離」が最重要ポイントになってきます。インスタグラムで人気が出て出版した人には、野菜や果物を使ったスムージー、アイシングクッキー、ワンプレート朝食、娘さんの成長とキャラ弁、育児漫画など様々ですが、テーマが潔く絞り込まれています。

そのアカウントを見た瞬間に「こういうことを発信しているんだな」とわかるアカウント設計をしているのがカギです。

③文章をきちんと書く

インスタグラムを「ヒットするアカウント」にして、女性が自分の力で自由を手に入れるために、絶対に重要視しないといけない3つ目のポイントが文章です。

いやいや、インスタグラムで重要なのは写真って言ってたじゃない？ 文章は読まれないでしょ？

そう思うかもしれませんが、実際に旅行写真メインの私が2年インスタグラムをやってきた結果、圧倒的に多くの反応をいただいている投稿は、

「救急医になって、出産して母になり、様々な葛藤を乗り越えて今に至る」

ストーリーと想いを綴った救急ヘリの投稿なのです。

世界一周3年分の絶景をたくさん投稿していますが、それらを差し置いてぶっちぎりの第1位です。

私のフォロワーは、もちろん旅行好きな方が大勢いますが、文章をしっかりと書くことで、旅行だけでなく私自身のライフスタイルのファンになってくださる方と、より濃い関

係性が築けるのです。

また、文章をしっかり書くとコメントの数が明らかに多くなりますし、コメントの内容も深いものになります。

そうすると、人気投稿にあがりやすくなり、「おすすめ」としてインスタグラム側が他の人に紹介してくれる率も上がります。

すると、今まであなたを知らなかった、新しい人達の目にあなたのアカウントが触れる機会が増えるので、フォロワー数も自然と上がっていくのです。

他の人は関係ない。自分に合った発信が自由の象徴

インスタグラムは写真のＳＮＳだと伝えましたが、投稿の方法は写真だけではありません。

①動画
②文字（文字＋写真）
③漫画、イラスト

さらに、それぞれの組み合わせもあり、様々です。一つずつの特徴を見ていきましょう！

①動画

一投稿1分以内になりますが、リアルな感覚が伝わりやすいのでフォロワーの方々はより親しみをもって楽しめると思います（ストーリーズでは15秒、ＩＧＴＶでは10分）。

私は旅行に行くと必ず1つは動画をアップしますが、臨場感が伝わると好評です。

※ＩＧＴＶ＝インスタグラムＴＶ

ハウツー系のコンテンツを持っている方にもおすすめですね。

メイクの仕方、ヘアアレンジの仕方、料理、テーブルコーディネート、話し方、コーチングなど、動画のほうがより伝わりやすく「また見にきたい」とフォロワーになってくれる確率も高まります。

そして、動画の特徴として「滞在時間」が多くなります。普通の「写真+文章」の投稿では、どう頑張っても1分滞在されることは滅多にないと思いますが、ヘアアレンジとか料理の動画であれば気になれば1分見続けますし、大体1回ではわからないので何度も繰り返し見ますよね。すると、フォロワーがあなたのアカウントに「滞在する時間」が長くなるので、それがインスタグラム側に評価されることにつながります。

他には、画家や音楽家などアーティスト系の方々にも動画はおすすめの表現方法ですし、ペットや子どもがいる方は、日々の様子を動画で投稿することで、ファンが倍増するケースもあります。

動画は敷居が高いと思っている方も、ぜひ試しに1回投稿してみてください。「やっぱりやめよう」と思ったら、削除もできますし、「アーカイブ」という機能を使えば「非表示」

にして自分だけで楽しむこともできますよ。

②文字（文字＋写真）

文字入れアプリはいろいろありますが、私が愛用しているのは「Phonto」と「LINEカメラ」です。背景は、写真でも無地でもデザイン性のあるものでも何でもいいです。そこに文章を綴ります。

インスタグラムは、1回で10枚まで投稿できるのですが、例えば「1枚目はタイトル、2枚目から10枚目はエッセー」のようにする方もいますね。そんな投稿を続けていくと、インスタグラムがプチエッセーに早変わり！　メッセージ性の強い投稿や、自分の想いを熱く語る投稿などにはおすすめの表現方法です。

全投稿を文字のみにすることもできますし、写真投稿と文字投稿を交互にする方法もあります。

文字だけなんて全くインスタ映えしないじゃない？

それで見にくる人いるの？

と思うかもしれませんが、文字は伝えたい言葉を視覚で届けられるのが強みですね。写真だと「こんなことを伝えたい」と思っていても、その通り伝わっているかどうかはわからないので、文章もしっかり書く必要がありますが、そもそも投稿自体が文章の場合は解説がなくても伝わります。

実際に「ＴＯＫＹＯインフルエンサーアカデミー」の受講生にも、写真だけ投稿していた時と比較して、文字投稿を追加したことでメルマガ登録者が９００倍に増えたという報告もありました。

文字投稿にする際は、あれもこれもたくさん書くよりは、１枚目は特に「見た瞬間に読める」くらい簡潔にキャッチーな文章にとどめるのがおすすめ。そこで相手の心をつかみ、２枚目以降も見たいと思ってもらうことが大切です。

動画と同様に文章も、きちんと最後まで読んでもらえればフォロワーの「滞在時間」が増え、インスタグラム側から評価される要因になります。

文字投稿に向いているのは、「メッセージ」や「想い」のある無形サービスを扱っている方々です。

写真＋文字投稿
@kazokugohan310

写真＋手書きメッセージ
@chissy.maree

動画＋写真
@meica_carving_performer

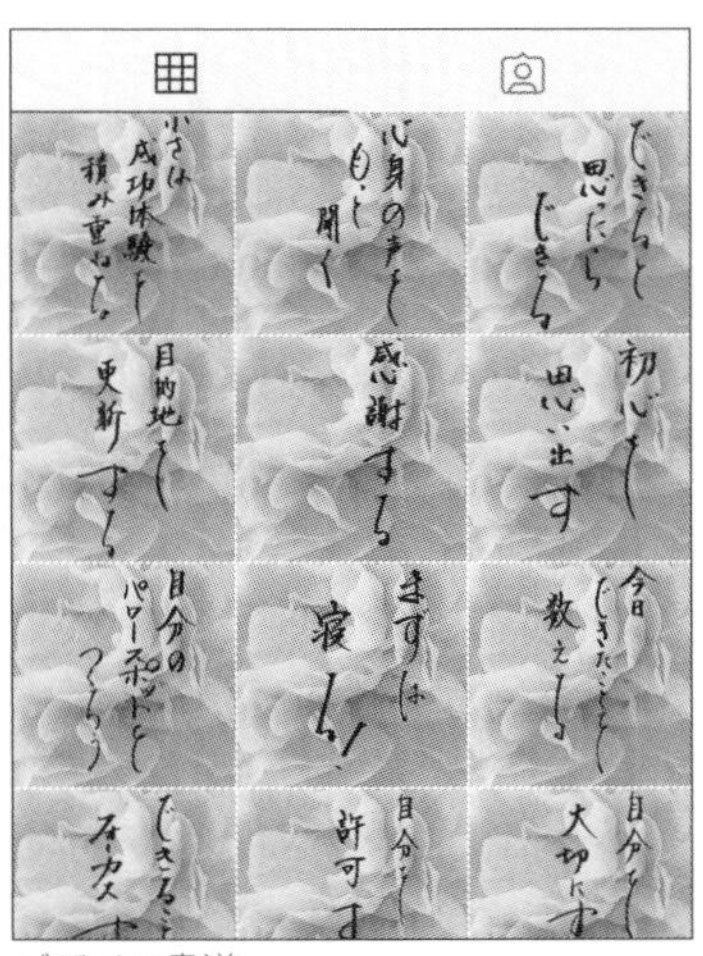

デザイン書道
@miki_mind.woman

例えば、メンタルコーチやコンサルティングをされている方々。恋愛コンサルタントの方で、この方法でインスタアカウントが人気になり、出版された例もあります。

また、エステサロンやカフェ、料理教室なども文字投稿を組み合わせるのがおすすめです。

例えば1枚目に「意外と知らない新常識！ ○○は体を冷やすって本当?」のような質問をもってきて、2枚目以降に豆知識やお役立ち情報を書くなど。

③ 漫画、イラスト

漫画の投稿も最近徐々に増えてきていますね。文字投稿よりもその人の特徴が出やすいので、目に留まりやすくファンがつきやすいです。こちらも10枚投稿すれば1回で一つの話が出来上がるので、もちろん「滞在時間」もフォロワーも増えるでしょう。

ヘアメイク、ファッションなどをイラストで描ける方、育児日記などストーリー性のある続きものが書ける方などにぴったりの表現方法です。

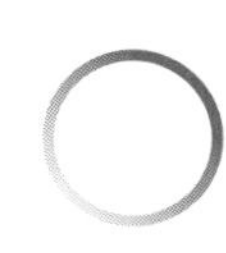

出会いが人生の選択肢を広げる

インスタグラムは２０１９年６月時点で、日本国内だけでも３３００万人、世界だと10億人が使っています。インスタグラムの中には多くの人生が垣間見える、そんな「出会い」があるのです。

①他の人の投稿を見てみよう！

まずは、あなたの決めたテーマと同じテーマで投稿している方々が、どんな表現方法を使っているのか見てみましょう。

検索窓に、先ほどのステップ３で設定した「あなたを表すキーワード」を入れて、検索をしてみましょう。

例えば「旅行」と検索すると、関連するハッシュタグやユーザーがたくさん表示されますね。「＃旅行」の人気投稿を参考にしてみてください。

②誰もがやっていない表現方法を試してみよう！

例えば「＃旅行」で検索すると、写真や動画以外の人がほぼいないことがわかります。

そこで「文字」や「漫画」に特化したアカウントをつくればかなり目立ちますよね！

あなたを表すキーワードで、まだあまり使われていない表現方法はありますか？

もしあれば、ぜひチャレンジしてみてください！

③どんどん試してみよう！

②で見つけた「まだあまり使われていない表現方法」が難しいようであれば、深くは考えず、ぴんときた方法で投稿しましょう。一番大切なのは「楽しく続けられること」です。

気になるものは、どんどん試してみましょう。

もちろん、全部ミックスするのもＯＫです！

「あなたの好きを探すワーク」で自分の好きな世界観を持っているインスタグラマーをピックアップし、なぜ好きなのか理由を書いてみましょう。

そのインスタグラマーを「フォロー」すると、似たようなアカウントをインスタグラム側がピックアップしてくるので、そちらも見てみましょう。

また、インスタグラマーが使っているハッシュタグの中で、気になるものがあったら飛んでみて、そのハッシュタグの中に自分が好きな世界観を持つ人がいないか開拓しましょう。様々なインスタグラムアカウントに出会うことができ、選択肢が広がります。

「自由になるというイメージがわかない」「そもそも自分にとって何が自由なのかわからない」という方もいるかもしれませんね。そういう方は次のワークを重点的にやってみてください。

「こんな人がいるんだ！」
「こんな世界もあるんだ！」
「こんな生き方もできるんだ！」
そうやって自分の中に「選択肢」を増やしていくと「自由になる」イメージがつきやすくなります。

あなたの好きを探すワーク

「この人の世界観好き！」というインスタグラマーを 10 人選んで、なぜ好きなのか？ 理由を書いてみましょう。

1

理由

2

理由

3

理由

4

理由

5

理由

6

理由

7

理由

8

理由

9

理由

10

理由

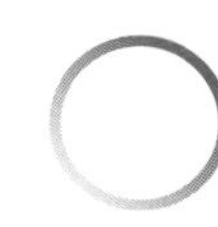

影響力、発信力を手に入れるためのアカウント作成の極意

ここで、自由になるための影響力、発信力を手に入れるためのアカウント作成の極意を伝えましょう。

トップページを見た瞬間に、あなたのことが気になって仕方がない！　そんな魅惑的なアカウントをつくるために必須となる3つのポイントです。

毎日DMでファンレターが届く心の準備はできてますか？

あなたの発信に共感した方々から、涙するような熱いコメントが来ることになります。

ハンカチの用意を忘れずに！

①ユーザーネーム

ユーザーネームとは、インスタグラムのURL https://www.instagram.com/yuko__nakajima/ の中にある「yuko__nakajima」の部分になります。

インターネットで自分の名前を検索してみてください。1ページ以上ヒットするサイトが出てくる方や、今後「絶対に有名になるぞ！」という野望のある方は、自分の名前をユーザーネームにしてみてください。

または「yuko_official」のように「名前＋official」という方もいます。

カフェやレストラン、エステや美容院などの店舗系アカウントの方は、店舗の名前を使っている場合が多いです。

これは、検索されやすく、ユーザーネームを見ただけで、誰なのかをわかってもらえるという利点があります。

「名前を使いたくない」という方は、写真のテーマをそのままユーザーネームにするのがおすすめです。旅行なら「traveling」とか「trip」、ママなら「mother」「mama」、カフェなら「café」など。とはいえ、これだけだと他の人とかぶってしまうので（他人と同じユーザーネームは使えません）複数のテーマをそのまま、またはテーマと自分の名前の組み合わせ、テーマと住まいの組み合わせなどもいいと思います。

つまり、ユーザーネームを見ただけで、どんなアカウントなのかがわかることが重要。なぜかというと、今後あなたが誰かのアカウントに「いいね」や「コメント」をしたとき、された側の人からはこんなふうに見えるんですね。

この時に「zifeamjg」と表示されるとどんな人か見当もつきませんが、「café_abc」と表示されれば「カフェ」アカウントだと伝わりますし、「nakajima__yuko」であれば「なかじまゆうこ」だと伝わるので相手の心象が変わりますよね。わかりやすいユーザーネームをつけておくことで、相手に安心感を持ってもらえます。

ちなみに、ユーザーネームにはアルファベットや数字、一部の記号が使用できて、漢字やひらがなといった日本語は使えません。

一度ユーザーネームを設定したら変えられないSNSもありますが、インスタグラムはいつでも変更可能なので、初めのうちはしっくりくるまで、いろいろトライしてみるといいかもしれないですね。

②プロフィール写真

プロフィール写真は、とても大切なポイントです。

あなたのアカウントを見に来た時、一番はじめに目にします。

この第一印象がとても重要！　第一印象で「知的」と思われたら、個々の投稿が多少おちゃらけていても「知的」というイメージは簡単には覆りません。

逆に第一印象で「暗い」と思われたら、投稿でカラフル感を見せても、どこかに「暗い」というイメージが残ります。

そのくらい、第一印象というのは大切！

この「第一印象」をうまく使って自分をブランディングしていきましょう。


あなたは自分をどう見せたいですか？

あなたが発信を届けたい相手は、どんなあなたを見たいと思っているでしょうか？

プロフィール写真で表したいイメージを、３つ書き出してみましょう。

ちなみに私の場合は、明るい・情熱的・おしゃれを基準にプロフィール写真を選んでいます。

そして、プロフィール写真は、目的に応じて自撮りとプロ撮影を分けるのがおすすめ！

●自撮りがおすすめの人は？

自撮りは、より「アマチュア」感を出したい場合、例えばPR案件をいただくことが主目的の人に向いていています。PR案件というのは、いわゆる口コミのようなものなので、より「一般ユーザー」に近い感覚があり、かつ人気のインスタグラマーが選ばれます。なので芸能人ばりのプロフィール写真だと、敬遠されることもあります（企業、商品によります）。

●プロ撮影がおすすめの人は？

病院、弁護士事務所、税理士事務所、歯科医院、接骨院などの専門職の方で、ビジネスでインスタグラムをしている場合。信頼がとても大切な要素なので、プロフィール写真はプロにお願いしてみてください。

趣味であれば、どちらでもOKです！

「え！　プロにとってもらうなんて大げさな……」と思う方もいるかもしれませんが、今はフリーのカメラマンも多く、リーズナブルに撮影をする方もたくさんいます。インスタグラムで「#カメラマン」と検索すると多数の作品が出てくるので、気に入った人にDM

で連絡をとってみるのもいいでしょう。

普段しない行動や選択をしてみるのも、新しい世界を覗く、自由への第一歩です。

プロフィール写真はユーザーネームと同様、あなたが誰かのアカウントに「いいね」やコメントを残したり、フォローをした場合に相手側に表示されます（119ページ写真参照）。

その時に、例えばどこにでもありそうなロゴや、空や花など人物像がわからない写真、遠すぎて老若男女の判別すらつかないような写真だったらどうでしょう？

この人どんな人なんだろう？と、あなたのアカウントまで見に来てくれる可能性は格段に落ちるでしょう。

逆に、満面の笑顔のアップ写真や、思わず目をとめるような強烈な似顔絵だったら？純粋に気になりますよね。

プロフィール写真は、ぜひこだわりの1枚を選んでくださいね。

③プロフィール

プロフィールは「名前」「自己紹介」「URL」3つのパートに分けることができます。読んだだけでフォローされるくらいに魅力的なプロフィールがつくれたら、とてもいいですよね。

a 名前

まず名前を決めましょう。

名前はユーザーネームとは違い、プロフィール写真の下に表示されているものです(スマホの場合)。日本語も使えますし、絵文字や顔文字も使えます。名前はとても重要なのですが、気を付けている人がほとんどいません。

よくある残念な例が「ニックネーム」とか「ペットの名前」を使っているパターンです。趣味でやる場合はそれでもいいのですが、今後自分のサービスにつなげていきたい！と思っている人は職業や肩書、サービス内容、アピールポイントなどを名前に含めるとわかりやすいです。

すでに有名な方は、ブランディング上シンプルに「名前だけ」という場合も多いので、あなたの今の状況に応じて変えてもOKです！

例えば、猫カフェを経営している「花丸太郎」さんの場合、名前が「花丸太郎」と「花丸太郎・猫カフェ・猫好き大歓迎」では、受ける印象がだいぶ変わりますよね。

名前を読んだだけで猫好きは反応するでしょうし、猫カフェに関するアカウントだということもわかります。

b 自己紹介

ここは「短く簡潔に」という考え方と「長めにしっかり」という考え方の2通りがあります。すでに人気のインスタグラマー、PR案件を狙う方、芸能人、名前が売れている方は「短く簡潔」な場合が多いです。シンプルでビジネス感がなく見栄えがいいのと、すでにフィードに投稿した写真が6枚見えるからです（ファーストビューといいます）。写真が見えたほうが、より「どんなアカウントか」わかってもらいやすいので、フォローにつながります。

逆に「長めにしっかり」がおすすめなのは、店舗系サービスの方や自分のビジネスへの集客を考えている方です。自己紹介が長い場合は、後半の部分は「続きを読む」と非表示になるので、「……続きを読む」の前に大事な部分をすべて入れこむのが重要です（150文字以内）。

プロフィール「続きを読む」のパターン
※のスペースに大事な情報を入れこむ

全文表示パターン

「長めにしっかり」派の自己紹介には、絶対に入れるべきポイントが2つあります。それは「アピールポイント」と「プライベート感」です。

「アピールポイント」というのは、例えば美容師さんであれば、

✓表参道〇〇美容院の美容師
（どこに行けば会えるのか）
✓7年で5000人のヘアを担当
（数字で実績と信頼性を出す）
✓リピート率95・6％
（数字で実績と信頼性を出す）
✓IGTVとストーリーズで「1分でできるモテアレンジ」配信中！

（）の中の文章を除き、これで66文字ですね。

アピールポイントでは、自分の特徴をできるだけわかりやすく、興味を持ってもらえるような言葉で表現します。

8ステップワークで書いた「発信を届けたい人」がこのプロフィールを見たときに、「この人どんな人だろう？　もっと写真を見てみたい」と思うような紹介文が理想です。

実績がある人は実績を、数字で出せる人は数字を入れて信頼性をあげてください。集客につなげたい場合は、店の場所と「ご依頼はこちら」などの連絡先も記しておくといいでしょう。

「プライベート感」は、重要なのにほとんどの人が入れていないポイントなのですが、

√柴犬飼ってます
√日本酒大好き
√1歳、3歳子育て中
√長野県出身↓東京在住
√絶賛ダイエット中！

のような紹介コメントです。

目指すべきは「共通点」と「ほっこり感」です。

たとえフォロワーをあなたのお店やサービスにつなげたいと思っても、ビジネス一色だとなかなかファンがつきにくいのです。

サービスの特色や売りはきちんと出していかないといけませんが、やはり人と人とのコミュニケーションが大事なので、このプライベートな部分であなたの人柄が見えると、見ている人はより安心感が増します。

また、人は「共通点」があると親近感を持つので、そこも意識して取り入れていきます。

例えば「ママ」と一言入れるだけで、多くの「ママ」と共通点を持つことができますし、「1歳、3歳子育て中」とさらに詳しく書くと、ドンピシャであてはまる人は、より深い関心を示します。


もしあなたが、「企業からPRの仕事を受けたい！」と思っているなら、長野県の企業は、同じフォロワー数の「長野県出身」と書かれている人と「大阪府出身」と書かれている人、どちらに仕事を依頼しようと思うでしょうか？

長野県出身者ですよね。

私は山口県にある山口大学に通っていたのですが、「山口県人会」「広島県人会」「福岡県人会」など「同郷」で集まる飲み会が頻繁に開催されていました。その中で東京出身者はとても少なかったので、「東京出身」というだけで親近感がわきましたし、それだけで話が盛り上がりました。

「出身」「在住」などの土地の共通点は、とても強い威力を発揮するものなんですね。

また、企業に限らず一個人としても、「同郷の人を応援したい」という気持ちは生まれやすいものです。なので特に地方出身の人、地方在住の人は地名を明記しておいてはいかがでしょうか。

c URL（ウェブサイト）

インスタグラムのプロフィールには、1つだけURLを表示することができます。

ここは、自身のウェブサイトやブログでもいいですし「linktree」等を使ってまとめた個人ページのURLを入れておいてもいいですね。

メールマガジンやLINE@などの配信サービスを行っている人は、それらにつなげてもいいと思います。また、LINE@のURLは直接入れることができないので、linktreeやランディングページを活用することをおすすめします。

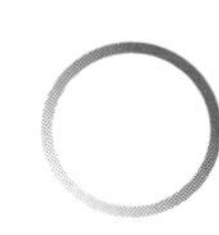

「分析&対策=ゲームの攻略」が自由につながる?

自分の力で自由になるためのインスタグラムを、始める土台ができましたね。

すでにあなたのアカウントは、とても人目を惹く魅力的なものになっています。プロフィールを読むだけで、プロフィール写真を見るだけで、すでにファンになりかけている人もたくさんいるでしょう。

ここでさらにもう一歩踏み込んで、飛躍してみましょう。

それは、「**ビジネスアカウント**」にすることです。


「え、ビジネスアカウントってビジネスする人だけじゃないの?」

違うんです!

「ビジネスアカウントって有料でしょ? それはちょっと……」

無料です‼

ビジネスアカウントにすると何が変わるのでしょうか。

①連絡先、住所、メールアドレスなどの情報を掲載できる

エステサロン、美容院など店舗系の方々は集客において必須ですよね。逆に個人の場合は基本的にメールアドレスのみを載せることになると思いますが、インスタグラムのＤＭだけの状態よりも企業側が仕事を頼みやすくなり、きちんと感が出ます。

「私はビジネスしてないし、別にメールアドレスも載せなくていいや！」という方は、次の②を見てください！

②インサイトを活用できる

これが素晴らしい機能なのですが、ビジネスアカウントにするとあなたのインスタグラムに関する分析結果を見ることができます。

「分析結果？　何それ難しそう。私、そんなの見なくていいわ」と思うかもしれませんが、これがゲームを攻略していくようで、面白いのです！

例えば、あなたのフォロワーはどこの国の人が多いのか、どこの都市に住んでいる人が多いのかがわかります。

私の場合、しばらくバリ旅行の写真を投稿していたらインドネシア人が、インド旅行の写真を投稿していたらインド人が増えたので、発信が海を超えて届いているんだなあと嬉

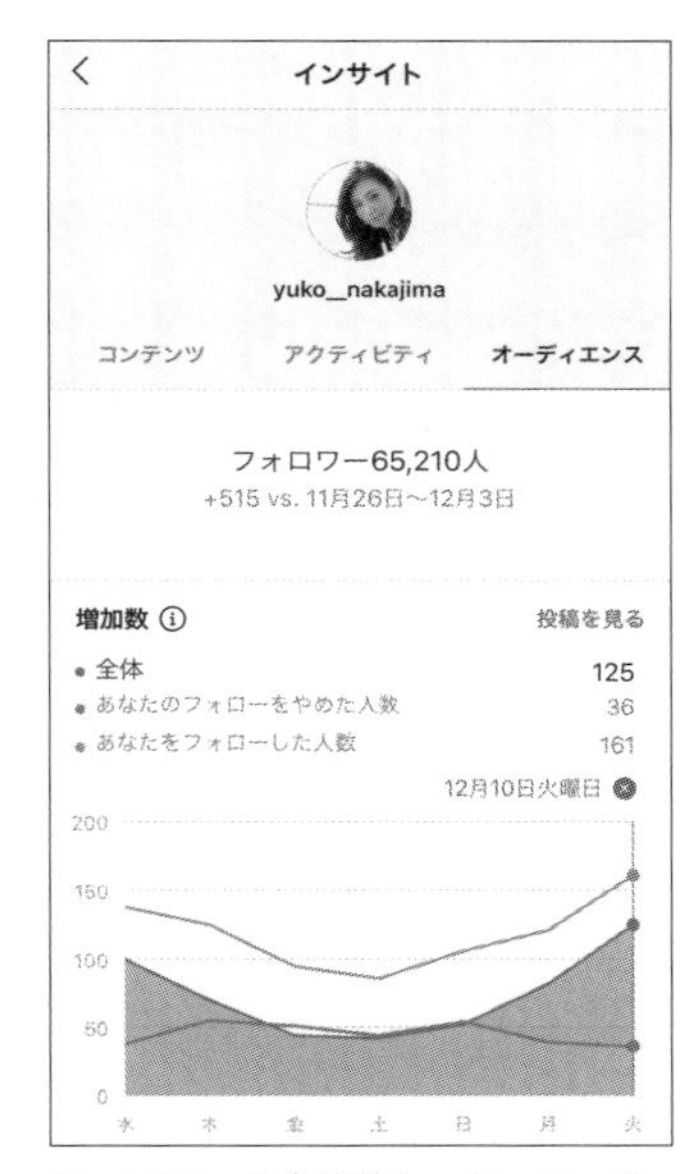

フォロワーの全体数と、フォローをやめた人、フォローした人の推移

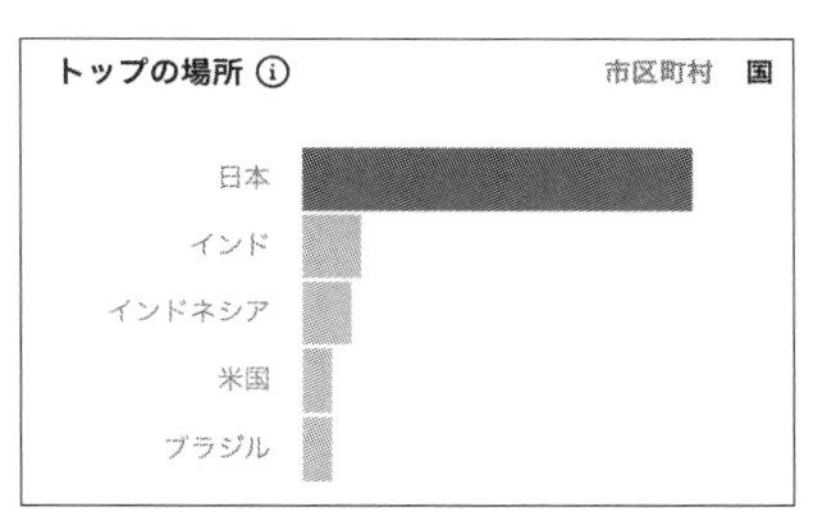

見ている人の居場所（国別）

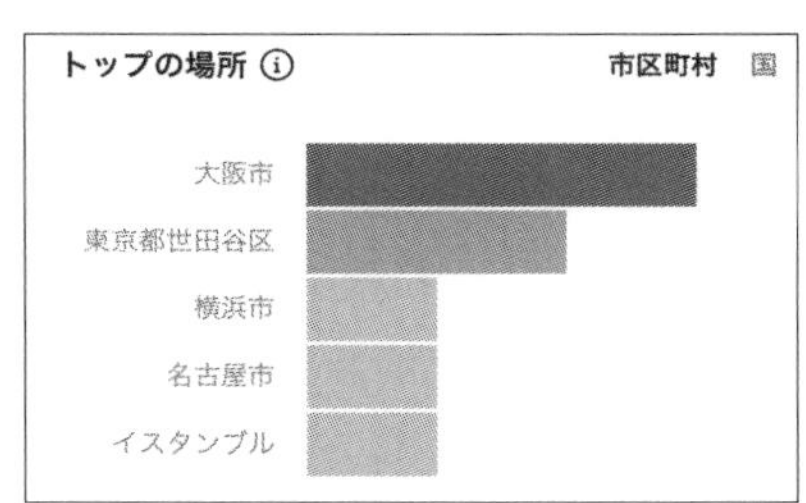

見ている人の居場所（市区町村別）

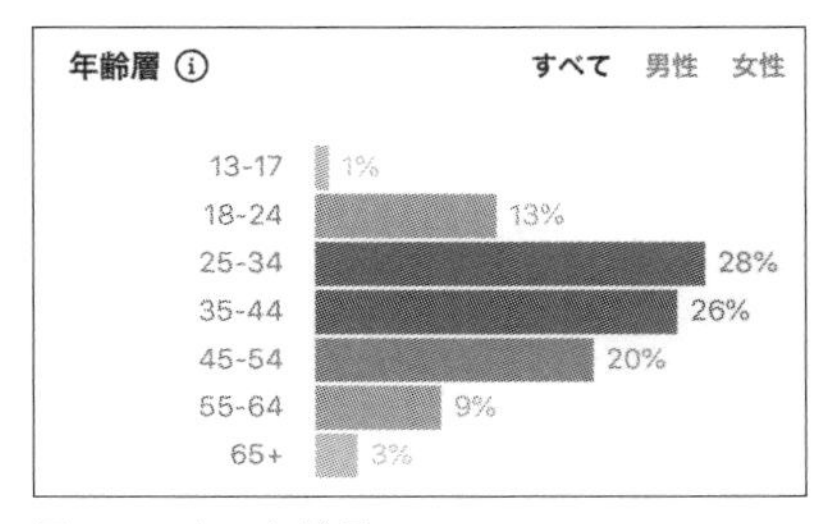

見ている人の年齢層

しくなりました。

また、フォロワーがあなたのインスタグラムを見る時間帯はいつごろか？　何曜日が多いのか？　年齢層、男女比などいろいろなことがわかります。


さらに！

どの投稿が最も反応が良かったか？

どの投稿から何人フォローに結びついたか？

どの投稿から何回ウェブサイトがクリックされたか？

などが事細かに調べられるのです。ただし、インスタグラムのバージョンにもよるので、機能はアカウントにより微妙に違います。


例えば私のアカウントでは、「投稿からプロフィールにアクセスされた数」をみると、上位を白衣の写真が占めていることがわかります。これらは、熱い想いや生きざまを書き綴っている投稿なので、写真だけでなく文章もしっかり読んでくれていることが伝わってきますね。

投稿からプロフィールにアクセスされた回数が多い順

投稿に対するインプレッションが多い順

一方で、インプレッション（その投稿に対する諸々の反応をすべて合わせた数値）は、1位が救急ヘリコプター、2位は夫が娘のために作ったアンパンマンのわらび餅、3位が500投稿目を記念した白衣写真。1位、3位は熱い想いを綴った文章に共感や応援が、2位は夫への応援や賞賛、またレシピの保存をした人が多かったことが上位にランクインしている理由と考えられます。

つまり、インサイトを活用することで「この投稿ではこんな反応を期待しよう！」という対策が立てやすくなります。

chapter 3 まとめ

- ✓ あなたにとっての「自由」って何？ 理想のゴールを決めよう
- ✓ 写真で大切なのはテーマ。○×○、○×○×○を考えよう
- ✓ テーマの断捨離をしてナンバーワンを目指そう
- ✓ 自分に最適な投稿方法を選んで
- ✓ ユーザーネームは、見ただけでどんなアカウントかわかるものを！
- ✓ プロフィール写真は、目的によって自撮りかプロ撮影か選ぶ
- ✓ プロフィールは、目的によって名前だけかアピールポイントを入れるかを選ぶ
- ✓ ビジネスアカウントにすると分析と対策ができる

自由になるための答えは
インスタグラムの中に
ある！

自由になるために「顔出し」は必要？

女性が自分の力で自由になるためには、発信力と影響力が必要。その両方を身につけるのにインスタグラムは最適な手段だという話をしてきましたが、あなたはインスタグラムにどんなイメージを持っていますか？

インスタグラムのアプリを開いて最初に目にするのは、あなたがフォローしている誰かの投稿写真、気になるタグを検索するとそのタグがつけられた写真が羅列しています。

そのうちの綺麗な一枚に目を奪われ、気になってアカウントに飛んでみると、個人ページにはその人が投稿した写真がずらり。

写真なくしてインスタグラムは語れない！というくらい写真は重要なのです。

では、どんな写真を投稿したらいいのでしょうか？

さあ、いよいよ写真の撮り方の話に移っていきたいと思います。「苦手」という方も多い、かもしれません。

「一眼レフカメラを持ってないし、そんな綺麗な写真撮れません！」

「自撮りも苦手だし、インフルエンサーには向かない気がする……」

「インスタにアップしようと思って投稿の途中まではいくんだけど、こんな写真アップしていいの？ と思うと、結局手が止まってしまいます」

大丈夫です！

私はもともと自撮りが大の苦手でした。正直、今も苦手です。

旅行の時は一眼レフも使いますが、日常や国内旅行、特に子供と一緒の時は手が空かないこともありスマホ使用率が高いです。

アップしてみたけれど、しっくり来なくて投稿を消すなんてことは、私も日常茶飯事です。

それでも、フォロワー数は伸び続けていますし、インスタグラムのおかげで様々な可能性が開き続け、どんどん自由度が増しています。

つまり？
写真の綺麗さ、質はもちろん重要ですが、それがすべてではありません。
今は、スマホで撮影した写真も画質がいいものがほとんどですし、「写真の綺麗さ」のみで勝敗が分かれることはあまりありません。ただし、ナショナルジオグラフィックレベルの芸術的な写真は別です。

では、何が重要になってくるのでしょうか。

「やっぱり重要なのは、投稿者の外見じゃないですか？ 多くのフォロワーを獲得している可愛い女性をよく見かけます。でも……私、顔を出したくありません！ それでもインスタできますか？」
というような質問も、とてもよく聞かれます。

会社の人に、インスタグラムで活躍しているのを知られたくない、プライベートと仕事を分けたいという方ももちろんいますよね。

結論から言うと、顔出ししなくても大丈夫です！！

アカウントの方向性にもよりますが、顔出しするに越したことはありません。顔出ししていたほうが信頼度も上がりますし、ファンの増加率が高いのは事実です。
でも、絶対に顔を出さないと成功できないかと聞かれたら、全くそんなことはありません。

アカデミー受講生の一人に、顔を出さずに2万以上のフォロワーを擁する女性がいます。PR案件も多数寄せられ、個人や企業のコンサルティングも、インスタグラム経由で獲得しているつわものです。

彼女がなぜ成功しているかというと、プロフィールや投稿文で、きちんと自身の人となりや私生活がわかるような構成にしている、というのが大きいのです。

ＳＮＳでお互い顔が見えない状態でやりとりしているとしても、ＳＮＳを運用しているのは「人」なので、いかに信頼を築くことができるか？が大きなポイントになるんですね。

さて、写真を撮影するにあたって、まずは構図を決めましょう。

と言われてもよくわからないですよね。
大事なことは、「構図を考える」ことではないのです。構図のパターンをいくつ持っているかなんですよ。

初心者がプロカメラマンのような写真を撮るレッスン

初心者でも「プロのカメラマンが撮ったの？」と思われるような、写真の撮り方トレーニングをやってみましょう。

次の投稿からすぐに実践できます。

1　インスタグラムを開いてください。

2　特定のワードで検索をして、人気のあるインフルエンサーやカメラマンさんの構図を見てみましょう。

自撮り↓#アイドル、#自撮り、#ポートフォリオ、#モデル、#撮影モデル

旅行↓#旅行、#国内旅行、#海外旅行、#絶景、#風景、#カメラマン

ブツ撮り↓#置き画、#置き画クラブ

ファッション↓#ファッション、#スナップ、#コーディネート

3　検索した「タグ」の「トップ」を見て、あなたがいいと思う構図を5枚集めて「保存」（投稿の右下にある付箋のようなものが保存機能）し、お気に入りフォルダを作ってみましょう。

4　自分が写真を撮る時に、そのスマホのフォルダを見て「これと同じように撮るためにはどうすればいいだろう」とカメラの位置を探してください。

5　構図の完成です！

ちなみに、「#PR」「#アンバサダー」などで検索すると、ＰＲ案件の写真が多数出てくるので、参考になりそうな画像を発掘しましょう。

このレッスンは、写真集などからプロのカメラマンが撮影した構図をコレクションしておくことでも代用できます。お気に入りの構図を自分のものにしてくださいね。

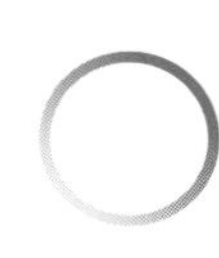

0・2秒であなたの人生は決まる

女性が自分の力で自由になるためには、発信力と影響力がとても大切です。しかしどんなにたくさん発信していても、見てもらえなければ意味がありません。そのためにはどんなことに気をつければいいのでしょうか。

かつてインスタグラムの写真は正方形限定でしたが、今は仕様が変わり、縦長長方形や横長長方形でも投稿できるようになりました。ですから、安心して好きな写真を撮ってください。

ただ、一つだけ注意点があります。その投稿単体で見る時は縦長、横長が反映され、自分のページに並ぶ写真は正方形で見えます。

縦長投稿、横長投稿をしたとき、自分のページに並ぶと自動的に上下左右が切れて正方形になるので、大事な部分が切れたり隠れたりしていないか確認してください。つまり、あなたがレッスンで集めた構図を参考に、「大事なものは中央に入れる」（正方形になったときに切れないように）という視点で写真を撮影するのです。

ちなみに、私は最近縦長投稿をしています。なぜかというと、フィードで流れてくるときに縦長方向のほうが画面を占める面積が大きくなるからです。

SNS一投稿を見るのにかける時間は、0.2秒といわれます。つまり、0.2秒でスクロールする手を止めてもらえなければ、そのまま流れていってしまうのです。

より画面占有率をあげ、スクロールの手を止める作戦です。

ただ、横写真だからこそ発揮できる景色の良さなどもあると思いますし、「今まで撮影した写真のストックが横写真ばかりです！」という方もいるでしょう。なので横写真でも全く問題ありません。

周囲を白くすることで縦写真や横写真を正方形にするアプリがありますが、私は基本的にあまりおすすめしません。

写真の部分が圧倒的に小さくなってしまうので、訴えられる情報量が減ってしまうからです。どうしてもこだわりがある場合以外、特に初心者の方は普通に投稿してください。

縦長原稿はこのように表示されます。

自分のフィードでは自動的に正方形にトリミングされます。

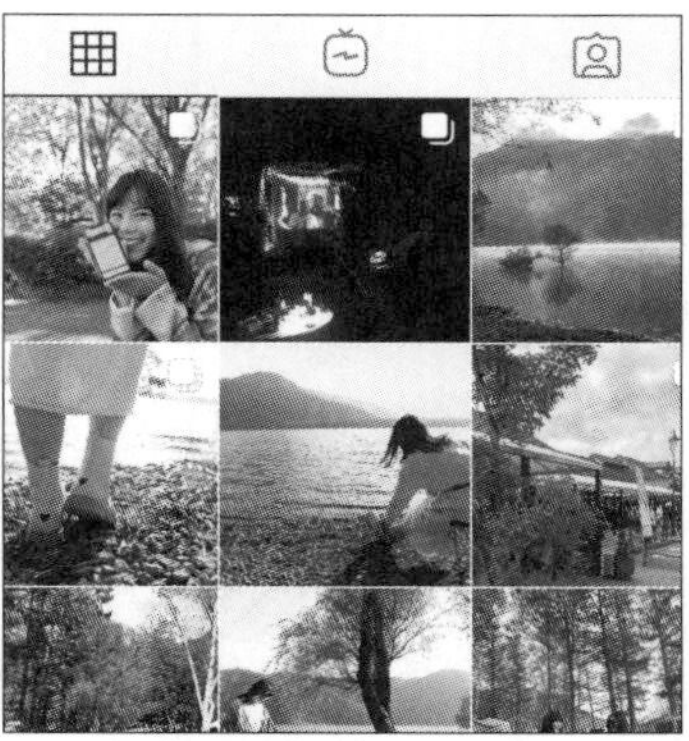

周りに白枠がある投稿よりも、通常の投稿のほうが画像の面積が大きく訴求できる情報量が多い。
@moro_tabi_kangoshi

初心者におすすめの写真加工方法

「初心者がプロカメラマンのような写真を撮るためのトレーニング」で素敵な構図を集め、それを参考に撮影してみましたね。

これってこのまま投稿していいの？　加工したほうがいいの？

という疑問が出るかもしれません。

素晴らしい着眼点ですね！

とりあえず「撮影→投稿」に慣れるまでは、加工は気にしなくてもＯＫです。毎日投稿して「続ける」ことを優先してください。

少し慣れて余裕が出てきたら、加工のことを考えましょう！

インスタグラムは複数の写真が一気に目に飛び込んでくるので、テーマを断捨離して「何を発信しているのか」を明確にするのが大切だという話はすでにしましたが、テーマだけではなく、写真のフィルター、彩度、明るさなどの統一、つまり写真の加工も大事な要素となってきます。

「加工なんて難しくて、よくわからないんですけど……」という方。

実は、何を隠そう私も加工が超苦手分野でした。インスタグラムでかっこいい加工をしている人を見ると「なんて素敵な写真なんだろう」と憧れながら試行錯誤したものです。

ちなみに私は、2万フォロワーくらいまでは、インスタグラムの純正アプリの中ですべての加工を完結させていました。

純正のアプリだけでもフィルターや明るさ、彩度調整、歪みの調整など様々なことができます。「とりあえずインスタを始めてみたい！」という方は、まずインスタグラム純正アプリを使って写真加工にチャレンジすることをおすすめします。

私がよく受講生のみなさんに言う、大切なこと。それは、「優先順位をつけよう！」ということです。「写真加工を研究すること」と「インスタグラムを始めること」どちらの優先度が高いかと言われたら、絶対に「インスタグラムを始めること」です。この一歩を踏み出すか踏み出さないかの間に、大きな壁があると私は思っています。

「実際にやってみる」ことは、教科書を広げて学ぶよりもはるかに吸収率が高いですし、やっているうちに必ず慣れます。

もし「写真の撮り方や加工の仕方がわからないから、投稿できない」と思っている方がいたら、「まずは気軽に投稿してみる！」ことを最優先にしてください。

写真加工には、流行りすたりがあります。例えば、私がインスタグラムを始めた頃はピンク加工が流行っていました。すべての写真にピンクフィルターをかけて、アカウント全体をピンクがかった世界観に統一する手法です。私はその路線には行かず、ビビッド路線を貫いていましたが、その女の子らしいふんわりした世界観に憧れたりもしました。

今はピンク加工をしている人はかなり減り、どちらかというと彩度を落としたクールな世界観や、あえて粒子を荒くしたレトロな世界観なども流行っていますね。

最先端の加工を取り入れるのももちろんいいのですが、流行にとらわれない、自分の好きな加工法を研究しておくと、フィード全体に統一感が出てきます。

代表的な写真加工アプリ

たくさん試して自分にぴったりなアプリを見つけよう！

Lightroom

使い勝手がよく、必要な機能はほぼ網羅。カメラマンなどは有料版を使っている場合も。最近私の使用頻度が最も高いアプリ。（無料版と有料版あり）

VSCO

インスタグラマーといえばこれ！ 支持者多数。フィルターが豊富で手軽にオシャレになる。明るさ、彩度などを変える機能も。（無料版と有料版あり）

snapseed

多数のインスタグラマーが愛用。明るさやコントラスト、彩度の調整が「全体」ではなく「部分」でもできるところが特徴。

Retouch

例えばご馳走カットのおしぼりや、絶景の中の電線など。写りこんでしまった不要なものを消せるアプリ。私も愛用中。

UNUM

投稿する前に、他の写真との並び順を確認する時に使う。

インスタグラム純正アプリでも十分素敵な加工はできるので、まだ始めたばかりという方は「投稿すること」に重きを置いてくださいね！

10人の存在があなたを自由に導いてくれる

写真撮影と加工がなんとなくわかってきた！　でもまだ写真のイメージがわかない……。

そんな時は、「答えはすべてインスタの中にある！」を思い出して開いてみてください。

「好きなイメージをふくらませるワーク」で、写真や加工が好きなインスタグラマーを10人選び、どんなところが好きなのか見つけてみましょう。

写真選びで大切なのは「あなたがどんな写真が好きなのか？」です。漠然と「おしゃれな写真が撮りたい」「かっこいい加工がしたい」と思っていても、目標が実現する可能性は限りなく低いです。あなたのイメージをぴったり表現している具体例を探りましょう。

インスタグラムの投稿は、独自のコンテンツをゼロからつくらないといけないわけではないのです。写真の構図、加工、表現の仕方、文章の書き方などの引き出しをどれだけ多く持てるかがとても大切。選ぶ際には、設定したテーマに沿ったハッシュタグを検索し、人気投稿を見てみましょう。

好きなイメージをふくらませるワーク

写真や加工が気になる 10 人のインスタグラマーの好きなところをリストアップしてみましょう。

1

理由

2

理由

3

理由

4

理由

5

理由

6

理由

7

理由

8

理由

9

理由

10

理由

chapter 4 まとめ

✓ 写真の綺麗さは大事だが、それがすべてではない

✓ 顔出しは絶対ではない。プロフィールや投稿文で人となりや私生活がわかるように

✓ プロや写真上手な人から構図を学ぼう。構図のパターンをいくつ持っているかが大切

✓ 加工アプリを駆使するより「とりあえず投稿する」が、自由への近道

✓ 写真や加工が好きなインスタグラマーをリサーチし、表現方法を学ぼう

あなたの世界を広げてくれるハッシュタグという存在

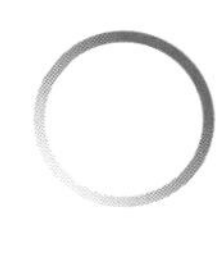

ハッシュタグは、ポスターの役割を果たす

想像してみてください。あなたがレストランを開いたとします。こだわりのオーダーメイド家具のインテリア、お気に入りの食器、有機野菜を使った絶品の料理を用意し万全の態勢です。ところが、待てど暮らせどお客さんが来ない。こんなレストラン、どうですか？とても寂しいですよね。

あなたは自由になるための発信力を手に入れるため、アカウントのコンセプトを決め、テーマを断捨離し、プロフィールを整えて、写真の加工を学び、魅力的なインスタグラムアカウントをつくりました。

でも、もしハッシュタグを使いこなせなかったら？

まさに、「客が来ないレストラン」と同じになってしまうのです。

開店3時間前から行列ができ、日本中、世界中からお客さんがやってくる、新規にもリピーターにも愛される超人気レストランに変えるための方法、知りたくないですか？

それが、ハッシュタグを攻略することなのです!

「ハッシュタグと聞くだけで、難しそうに感じてしまいます」
「恥ずかしながら、半角か全角かの違いもよくわかりません」
という方に激しく同意します! まさに初期の私がそうでした。

当初、アメブロ歴18年、facebookやメルマガ、LINE@の使い方を教える講座を主宰していた私ですら「ハッシュタグ」と聞くだけで、インスタグラムを敬遠していたのです。

でも、いざつけてみたら、なんてことはない「#」の記号にすぎません。
ただ、この「#」の持つ可能性が、とてつもなく大きいのです。

インスタグラムは、他のSNSに比べて拡散性が低いといわれます。
そこで登場するのがハッシュタグです。ハッシュタグをつけることで、そのハッシュタグのページ(例えば「#旅行」とハッシュタグがつけられたすべての写真がズラーっと並ぶページ)にあなたの投稿が掲載されます。

つまり、誰かが「旅行」と検索して「#旅行」のページに行くと、その中であなたの投稿を発見することができ、「もっとみたい」「どんな人だろう?」と思ってもらえれば、あなたのアカウントに飛んできてくれます。

つまり、ハッシュタグをつけることで、新しい人があなたのアカウントにきてくれる導線がうまれます。

逆にハッシュタグをつけなかったら、あなたが投稿したことが通知されるのはすでにフォロワーになってくれている人だけです。

フォロワーがすでに数百万人いればそれでもいいかもしれませんが、フォロワーが0の場合は、見る人は0ということになります。

ハッシュタグをつけるというのは、「こんなレストラン出しましたよ! ぜひ来てね!」とポスターを貼るようなもの。

無名のレストランを、新しい人に知ってもらうための役割を持つのです。

好きな人だけに囲まれる毎日を作り出す秘訣

では、どんなハッシュタグをつければいいのでしょうか?

「#今日は最高のお天気だよね」のような会話をハッシュタグにしている人もいれば、

「#築地」のように場所をつけている人もいるし、

「#ジーンズ」のようにファッションのタグも。

十人十色すぎて何をどう参考にしたらいいのか全くわからず、頭を抱えたのを覚えています。


なので、本書ではあなたがハッシュタグで迷うことがないように、私が2年かけて編み出した「読者に届いてファンを獲得するためのベストハッシュタグ法」を伝授したいと思います。

ベストハッシュタグ法で重要なのは、たった2つのポイントです!

1　検索されやすく、人がつけやすいハッシュタグを選ぶ

ⓐ検索する場合

私は自然が大好きなので「桜」「ひまわり畑」「ネモフィラ」、「紅葉」などを見に行くのですが、例えばひまわり畑の開花状況を調べる時などによくインスタグラムを使います。リアルタイムで開花状況を教えてくれるホームページがない場合は、インスタグラムが参考になります。

例えば、「#清瀬ひまわりフェスティバル」と検索して「最近」という表示方法を選ぶと、直近に投稿された順に表示されます。時期や場所によっては「現在その場にいる」人の投稿が見られたりします。

今どれくらい花が咲いているのか、どれくらい混んでいるのか、おすすめインスタ映えポイントなど、様々なことがわかります。

これ以上のリアルタイム情報はないですよね！

先日、カナダのトロントに行った際は、「#torontofood」で検索してレストランを探しました。逆に日本に来る外国人は、「#japanfood」で日本のレストランを検索するそうです。

#表参道カフェ、#原宿スイーツ、#渋谷ランチ、#東京グルメ、#新宿ネイルサロンなど「場所＋単語」での検索は鉄板です。

インスタグラムで、コーディネートやインテリアの検索をする人も増えていますよね。例えば、#本日のコーデ、#きれいめコーデ、#大人コーデ、#カジュアルコーデ、#ワンピースコーデ、#ジーンズコーデのようなタグもあれば、#ユニクロのようにブランドを指定して検索する場合もあります。

#バスルーム、#リノベーション、#ホテルライクなどを見て、インテリアの参考にする方も増えていますし、私も実際#バスマットで検索して、良さそうなものを購入して使っています。

ⓑ自分がつけたハッシュタグを見にいく場合

ハッシュタグをつける場合、○○を食べた、○○に行った、○○を着ている、○○を使っている……などのように、実際に自分が経験したことや行った場所、持ち物などを対象にすることがよくあります。

そして、自分でつけたハッシュタグは、その後気になって確認しにいくことが多いので、どんなハッシュタグをつける人が多いのかを予測し、先回りしてつけておけば、多くの人が自分の投稿を確認したついでに、自動的にあなたの投稿を見る確率が高まります。

まとめると、大事なのは

・検索されやすいハッシュタグをつける
・人が自分の投稿につけやすいハッシュタグをつける（自分のつけたハッシュタグを見に行くついでに、あなたの投稿に目が留まる作戦）

あなたがつけたハッシュタグからあなたの投稿を見に来て、

「このカフェのこのメニューずっと気になっていたんですよね！」

「私の街に旅行に来ていたんですね！素敵な投稿でとても嬉しいです！」

そんなコメントやメッセージが届いたら、投稿意欲も上がりませんか。

まずは、食べ物、場所、店名、テーマパーク、イベント、洋服、ブランドなどのハッシュタグをつけて投稿してみることです。これで、閲覧数が増える可能性は格段に広がります。

多くの人が見るアカウントになれば、そこからご縁や仕事につながることもありますし、自由な未来が開けていく土台ができます。

2 アカウントのテーマと、「発信したい相手」によって変える

例えば、あなたがエステサロンを経営しているとします。
あなたのインスタグラムを「美容に興味があり、金銭的時間的余裕があるアラサー女性」に届けたい場合、#エステサロン、#エステのような、直球のハッシュタグは、もちろん重要です。

エステサロンの場所も必要ですよね。
仮に表参道として、普段から表参道に来る人を対象に下記ハッシュタグをつけます。
#表参道、#表参道エステ、#表参道サロン など。

また、表参道周囲のタグをつけておくことで、周辺に住んでいる人を呼び込むことができるかもしれません。
#青山、#外苑前、#渋谷、#神宮前、#原宿 などが候補に上がります。

美容に興味がある女性は、「＃美容」以外にどのようなタグで検索をするでしょうか？

そう思った時は、「＃美容」と検索して、そのページを見てみましょう。

「フォローする」という青いボタンの下に「関連」という文字があると思いますが、そこに「美容」に関連するタグがたくさん表示されています。

＃エイジングケア、＃健康、＃アンチエイジング、＃コスメ、＃美肌、＃美容好きな人とつながりたい、＃メイク など（検索するタイミングによって変わります）。

そこから選んでみてください。

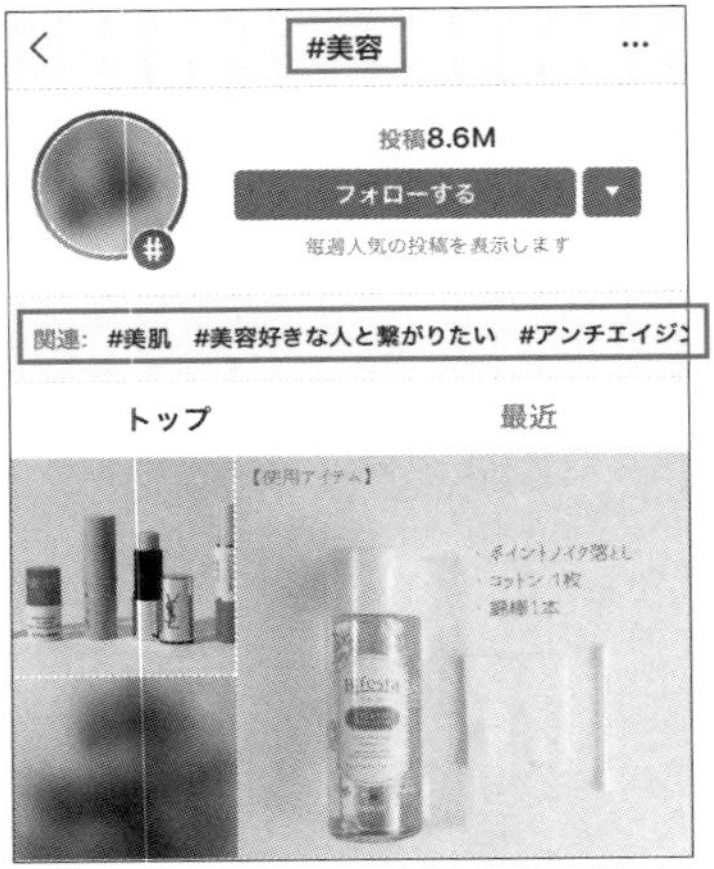

＃美容を検索すると、関連タグが多数表示されます。

また、関連タグの中で、例えば、「#コスメ」のページに飛んでみると、今度は「#コスメ」に関連するタグを調べることができます。

#コスメ好きさんとつながりたい、#韓国コスメ、#リップ、#コスメ好き、#コスメ大好き、#コスメオタク、#ファンデーションなど。

そうやってタグからタグに飛んでいくと、無限にタグが広がっていくので面白いです。

ちなみに、ハッシュタグは30個までつけられます。また、コメント欄に記載することでもハッシュタグとしての機能を果たします。

《番外編》コミュニティ的ハッシュタグの使い方

あなたはペットを飼っていますか?
夜景を見るのが好きですか?
日本酒が好きですか?

あなたの「好き」に共感する仲間が、日本中世界中でつながったらとても面白くないですか？

あなたオリジナルのコミュニティを自由につくれる、ハッシュタグの使い方があります。


例えば「親バカ部」「カメラ部」「夜景ら部」「足元倶楽部」「ねこ部」など。

好きなことや趣味をハッシュタグにして、共感する人同士が集まるようなイメージです。

メジャーなものはすでにハッシュタグがつくられている可能性が大きいですが、マイナーなものであれば「ハッシュタグ創始者」になれる可能性もありますよ。


自分でオリジナルのタグを考えて使っているうちに、それがヒットしていろいろな人が使い始めたら、また面白いですね。

そのような形で、実際にオフ会を開催しているコミュニティもあるようです。

ちなみに私は「#ママ子とりっぷ」というタグをつくって、子連れ旅情報を投稿したり、コミュニティのみんなで子連れ旅をしています。

「#」と「@」2つの記号をマスターしてメディアにアプローチ

楽しくインスタグラムで投稿をしていたら、メディア関係者から連絡が来て、あれよあれよという間に有名人になっていた！

そんな夢のような話あるの？ と思うかもしれませんが、実際にこのような経験をした人たちはたくさんいます。

私にも、インスタグラム経由で5回ほどテレビ出演のオファーが来ています。誰もが知っているような有名番組ばかりです。

アカデミー受講生の中にも、インスタグラムを本気でスタートして1か月半で、超有名TV番組に出演したり、美魔女コンテストで有名なメディアに出たりしている方がいます。メディアも、インスタグラムを頻繁にチェックしているということがよくわかりますよね！

メディアに出たい！ 自分の想いや自分のサービスをより多くの人に伝えたい！ どうしたらいいですか？ という相談をよくいただきます。

メディア関係者にコネも人脈もない状態からスタートし、ブランディングを整え、発信媒体で様々なトライアンドエラーを繰り返し、「待つ」のではなく「自ら行く」戦略で100回以上のメディア出演を叶えた。

そんな私がインスタグラムを始めて思ったのは、今まで私がやってきたことを、本質的には変える必要はないということです。

私がいつも受講生に強調しているのは、「待つ」のではなく「自らアプローチする」ことです。

自らアプローチをすることで「気づいてもらう」、そこで初めて勝負のリングに上がることができるのです。

このように考え始めると、挑戦する機会がどんどん増えていくので、自分の力で自由を手にするスピードが格段に速くなります。

では、どうやってアプローチをしましょうか？

最も簡単で早い方法が「ハッシュタグ」と「メンション」を使うことです。記号で書くと、「#」と「@」ですね。

例えば「掲載されたい！」「読者モデルになりたい！」と思っている雑誌社の名前、雑誌名のタグを文章中に入れ込んだり、写真そのものにタグ付けしたり、「@〜」でメンションをします。

写真自体へのタグ付けとメンションは、そのメディアがインスタグラムのアカウントを持っている場合に限り可能で、そのアカウントを名指しするような意味合いがあります。

また写真そのものにタグ付けすることは、相手側にも通知がいくので、否が応でもあなたの存在に気が付きます。

また、文章中に「#」でタグ付けをする場合は、次章でお話しする「人気投稿」をうまく使ってメディアに気づいてもらいます。

これは、メディアはもちろんですが、この企業からＰＲの仕事をいただきたい！という場合も同じです。

企業名をタグ付けすることで、あなたの存在を知ってもらい、仕事につなげるという方法です。ただし、全く関係がない投稿にタグづけするのはＮＧです。

インスタグラム内の、まとめキュレーションサイトなども同じですね！

例えば旅行系の投稿をしている方であれば、旅行系のキュレーションメディア、地域の旅行アカウント、旅行会社など。

ファッション投稿をしている方であれば、ファッション誌、ファッションアプリ、通販サイトなど。


自社の写真だけではなく、他者の投稿をリポスト（他者の投稿を自分のインスタグラムに投稿すること）しているメディアであれば、あなたの投稿がフォロワー数十万人のメディアで取り上げられる可能性も出てきますよね！


そのように考えると、ハッシュタグって奥深くないですか？

たった30個とはいえ、あなどることなかれ。

そこから広がる世界や可能性は、果てしなく大きいのです!!

自由へのスタート、人気投稿上位に入る！

ハッシュタグで世界を広げる方法を知ったあなたは、「早くハッシュタグをつけたい！」とワクワクしているかもしれません！

一方で、「ハッシュタグをつけてもあまり反応がないんですよ。意味がある？」という経験者もいるかもしれません。

そんなあなたも、この章を読めばすべて解決です。安心して先に進んでくださいね。

「人気投稿」をご存知ですか？

例えば今スマホで「旅行」というハッシュタグを検索してみてください。

左側に「トップ」、右側に「最近」という2つの文字が目に入りますね。これは、投稿を表示する方法を表しています。

「トップ」がいわゆる「人気投稿」で、左上から人気順に並んでいます。「最近」というのは、直近に投稿された順に並んでいます。

例えば「ハッシュタグをつける」ことが新聞の隅に小さな広告を載せることだとしたら、**人気投稿上位に入ることはつまり、新聞の一面に大きな広告を掲載するようなことだ**という違いがあります。人気投稿上位に入れば、そこからあなたのアカウントを見に来る人は、格段に増えます。この章からは、ハッシュタグをただつけるだけではなく「人気投稿上位に入る」ことを目指してみましょう。

「そんな！　私の投稿が人気投稿の上位に入るわけないじゃない！」って思う人もいるかもしれません。

私もはじめはそう思っていました。自分の中で「これだ！」と思う、とっておきの写真を頑張って素敵に加工して、「これならいけるでしょ！」と投稿。でも、人気投稿には上がってこない。ああ……今日もダメか。そんな日もありました。

何をどう工夫したら、人気投稿に上がっていくのか？　人気投稿に上がっている人たちはなぜ上がっているのか？　その辺りを徹底的にリサーチして、きちんと対策を立てて進めていくと、まるでゲームを攻略していくかのように、だんだんと人気投稿に入るようになっていったのです。

そうなると、毎回投稿後に人気投稿をチェックするのが楽しくなってくるので、ますます投稿に力を入れるようになり、アカウントも充実していき、フォロワーも増えていく。

そんな、魔法のような好ループに突入し始めたんですね。

あなたには「ああ、今日もダメか」という昔の私のような毎日を過ごさせたくないので、この章を読んで「勝ち戦」に行ってほしいと思います。

あなたの投稿が人気投稿に入って、フォロワーではなかった方々からも「あなたの想いにとても共感します!!」とか「ハッシュタグから辿ってきたら、素敵なアカウントだったので思わずフォローしちゃいました!」なんてコメントが来たら、ワクワクしませんか?

モチベーションが上がって楽しく投稿が続けられるようになり、気づいたらフォロワーも1万人を超え、自由になるための発信力と影響力が手に入っていた!ということも夢ではありません。

読み手との絆を大切にする心が、自由への道を開く

「人気投稿上位に入れば、いいことが起こりそう！」

それはわかりました。でも、人気投稿上位ってどうやったら目指せるの？

そんな疑問を解決するための大切なポイント。それは何かと言うと「エンゲージメント率」を上げることなのです。

「エンゲージメント率？　初めて聞いた！　何それ⁉」

という方も多いかもしれませんね。簡単にいうと、「反応率」のことです。

左の図のとおり、一投稿あたりの「いいね」の数自体はBさんのほうがいいけれども、フォロワーのうちどれくらいの割合の人が反応しているか？　と考えると、Aさんの勝利になるわけです。フォロワーのうちの何人がリアクションしてくれているか。その率が大きく影響するということになります。

初心者は人気投稿の
上位に入りやすい！

	フォロワー数	いいね数	エンゲージメント率
初心者 Aさん	**100** 少ない	**10** 少ない	**10%** 高い
インフルエンサー Bさん	**100,000** 多い	**1,000** 多い	**1%** 低い

人気投稿を見ていると、明らかに「いいね」の数が少ない人が、上位に来ていることがよくあるのですが、そういう場合は大抵フォロワーの数も少ない場合が多いです。

つまり？

そうです！ お気づきになった方、素晴らしいです！

実は、人気投稿はインスタグラム初心者のほうが上位に来やすいのです！

フォロワー数が少ないからです。

100フォロワーの時に、その10％の10「いいね」をもらうのと、10万フォロワーの時に10％の1万「いいね」をもらうのでは、圧倒的に後者の難易度が上がるのです。

なので、「私はインスタ初心者だし、人気投稿なんて上がるわけない」と諦めるのではなく、むしろ積極的に狙いに行ってください。

人気投稿に入れば、そこからあなたのアカウントを見に来てくれる人が増え、さらにあなたの過去の投稿にリアクションをしてくれる可能性がぐっと上がります。

すると、あら不思議。気づいたら過去の投稿も人気投稿上位に上がり始め、**ハッシュタグの人気投稿上位をほとんどあなたの投稿が占めていた！** なんてことは、アカデミー受講生の中ではよく聞きます。

ちなみにこれは、初めて体験すると、かなり嬉しくて浮かれてしまいます。私は、浮かれながらその画面をよくスクリーンショットに撮っていました。

また、実際は「いいね」の数だけでなく、コメント数、投稿を保存された数など様々なものがカウントされていますし、アカウント自体のパワー（投稿頻度やフォロワー数などいくつかのポイントがある）も関係してくるので、単純な計算式はわからないのですが、ざっくりと**「反応率が大事！」**ということだけでも、覚えておいてくださいね。

一つずつ確実に変化を起こす、「数」の秘策

私がトライアンドエラーを繰り返して見つけた「ハッシュタグの極意」に沿って、自由な未来に向かう発信力と影響力を手に入れるための、あなたに最適なハッシュタグを選んでみましょう。

例えば、インスタグラムで「カフェ」と検索してみてください。タグの欄を見てみると#カフェ、#カフェ巡り、#カフェ好き……

というようにカフェにまつわるタグが上から順に並んでいると思います。注目するのはタグの下の数字です。

投稿20M、投稿900Kのように投稿数が表示されていますね。ちなみにMは100万、Kは1000です。

数が多ければ多いほど、多くの人がそのタグで投稿をしている、つまり人気のタグということになります。人気のタグということは、その単語で検索する人も多いので、ここで人気投稿上位に入れたらとてもいいですよね!!

よし! では「#カフェ」の人気投稿を目指そう!!

とすると、なかなかハードルが高いのです。「#カフェ」は、2019年12月現在で約1700万投稿されています。その中で上位に入るのってどうですか?

自信ありますか?

私はないです。

そうなると、カフェはカフェでも、もう少し投稿数の少ないタグを探していきましょう!

ということになります。

どんなタグがありますか?

#カフェ巡り 約730万

#カフェよりは少なくなりましたが、それでも多いですよね。

もう少し見てみましょう!

#カフェ好き 約90万　#カフェスタグラム 約60万　#東京カフェ 約95万
#猫カフェ　約64万
この辺りになると、ついに100万投稿を切ってきましたね！

10万投稿以下のタグは？
#東京カフェ部 約4万　#銀座カフェ 約9万　#絶景カフェ 約2万

1万投稿以下のタグは？
#カフェ好きな人とつながりたい 約2500　#ドッグカフェ京都 約1000
#カフェ部 約2500

と「#カフェ」にまつわるタグだけでもたくさん出てきます。

こうやって投稿数を確認しながら、試しにいくつかタグをつけてみましょう。そして、投稿直後、1時間後、6時間後、24時間後……のように時間をおいて「人気投稿」を確認してみます。

すると、どうでしょうか?

あなたの投稿は人気投稿に入っていますか?

もし入っているなら、**そのタグの投稿数は、今のあなたが人気投稿上位にランクインすることができる数**ということになります。

その数を参考にタグを選んでいけば、人気投稿に入る可能性が高いということですね!


一方で、人気投稿に入らなくても、投稿数が多いタグにもチャレンジしてみましょう。

タグは、投稿数が多いものから少ないものへと、**大中小3種類攻める**のがポイントです!


小さいタグで人気投稿上位になり、そこからあなたのアカウントに来てくれる人が増え、「いいね」「コメント」などが集まると、次は中くらいのタグで人気投稿上位になる可能性が出てきます。

そこから、あなたのアカウントに来てくれる人が増え、同様に「いいね」「コメント」が増えていくと、最後は大きいタグで人気投稿上位になる可能性が出てくる。

そんな長い目で見た秘策になります。

タグの大中小って具体的には？ とよく聞かれますが、とりあえず初めは投稿数

大：10万以上
中：1万から10万
小：1万以下

を目安につけてみてください。

最近インスタグラムの規制が厳しくなってきており、全く関係のない投稿に関係のないタグをつけると認識されません。

例えば、美容液の写真に美容液の説明を書いた投稿に「#カフェ」というタグを付けても、認識されない可能性が高い、ということです。

逆に、関連度がとても高いと判断されれば、人気投稿上位に入る可能性もあります。できる限り**関連度が高いタグをたくさん選ぶ**ようにしましょう。

さあ！ 次の章は、お待ちかねの「フォロワーの増やし方」です！

反応率を高めて、人気投稿で上位に表示されることにも直結しますので、楽しみにしていてくださいね！

chapter 5 まとめ

✓「客が来ないレストラン」から「国内外から予約が絶えない人気レストラン」にするためのハッシュタグ活用法

✓検索されやすいハッシュタグをつける

✓届けたい相手が使いそうなハッシュタグをつける

✓人気投稿を目指すのが、自由への近道

✓エンゲージメント率＝「いいね」数（やコメント数）÷フォロワー数、つまり初心者は人気投稿を狙いやすい！

✓投稿数を元に、人気投稿を目指せるハッシュタグをリサーチせよ！

✓ハッシュタグの投稿数は大中小３種類攻めていこう

あなたは、自分だけでなく相手の人生にも影響を与えられる

ファンを増やすということ

SNSや発信をしていくと、フォロワーの数が気になる人がとても多いです。事実、企業からのPR案件が、フォロワー数によって決まることもあります。

ただし、大事なことは、フォロワー数だけではないのです。

なぜなら、大切なのはフォロワー数だけを増やすことではなくて、あなたが自分の「得たい自由」を手にすることだからです。

それならフォロワー数はゼロでいいのか？　というと、そういうわけでもなく……。大事なのはフォロワー数ではなく、ファンの数。

ファンの数を増やすというのは、あなたの発信を楽しみにしていて、投稿を待ち望み、内容に共感している人たちの数を増やしていくことなのです。

ですから、数字上はフォロワー数を増やすということになるのですが、ただ単純に数が増えればいいわけではないので、そこだけきちんと頭に入れておいてくださいね。

この本では**「ファンの数=フォロワー数」**と定義して話を進めていきます。

この原稿を書いている今、私がインスタグラムを始めてから2年ほど経ちました。500投稿目を迎えたのですが、その間に増えたフォロワーの数は、2アカウントで、合計6万5000人です。

1日3000人ペースで増えていた時期もありましたが、フォロワー購入や、有料/無料のツール類は一切使っていません。

よく「侑子さんだからじゃないですか？」と聞かれますが、アカデミーの受講生たちも同じように増えています。私よりフォロワー数アップのスピードが速い人も大勢います。

つまり、誰もが同じように活用できる方法だということです！

女性が自分の力で自由になる方法はたくさんあるかもしれませんが、気軽に楽しく始められて、こんなにもスピーディーにフォロワー（影響力）が増えて、様々な可能性が開けていくのはインスタグラムしかないと私は思っています。

想像してみてください。

0からスタートしたインスタグラムが、1か月後に1000、2000、3000フォロワーになって周囲から驚かれているあなたの姿を。
数か月後に1万フォロワーの影響力と発信力を手にして、尊敬と憧れの眼差しを向けられ、ちょっとした「有名人」になっているあなたの姿を。

1万フォロワーとさらっと書いていますが、有明コロシアムを満席にできる数字です！
どれだけのパワーを持っているか、計り知れないですよね。

アカデミーでは、いつも「フォロワーを増やす方法」の回はとても盛り上がるのですが、私は絶対に初回に「フォロワーの増やし方」を伝えません。
なぜでしょうか？

正直に言いますが、ここまですべてを読み飛ばし、この章からスタートしていただいてもフォロワーは増えます。

ただ、1章〜5章までの内容がしっかりとわかった状態でないと、結局「中身があまりない、フォロワーだけがそれなりに多いインスタアカウント」で終わってしまうからです。

この状態だと、「ファンの数＝フォロワー数」の方程式は成り立ちません。

「フォロワー数は多いのに、何にもつながらなくて悩んでいます」と、私よりフォロワー数が多い方が相談に来られるケースもあります。

あなたには絶対にそうなってほしくないので、ここでもう一度確認しておきましょう。

インスタグラムを始める「あなたの目的」は何ですか？

きっと「フォロワーをただ増やすこと！」ではないはずです。その先にある「自由になる」という未来を目指してここまで読んでくださったと思うのです！

最終目的地から目をそらさず、いざファン獲得の旅へ!!

インフルエンサーとしての影響力を確立する

あなたが大の「カフェ好き」だと仮定します。そして、いつも可愛いカフェの投稿をしているAさんのファンだとします。

ある日、あなたの投稿に「いいね」やコメントをくれる人が現れました。どんな人なんだろう？　と覗きに行ってみると、なんとAさん同様、可愛いカフェの投稿をしている方ではありませんか。

とても素敵なアカウントだったので、嬉しくなってフォローをしました。

まさにこの流れの逆を起こして、あなたのフォロワーを増やしていこう！　というのがこの作戦の肝となります。

3か月で1万人のファンを作る！

アクション1

あなたが3章で決めたテーマのうち1つをピックアップしてください。そのテーマをタグ検索してください。

例えばあなたのテーマがファッションなら「ファッション」と検索します。

アクション2

タグ検索の人気投稿の中から、あなたと同じテーマを持つピンとくる素敵なインフルエンサーを選びましょう。

「インフルエンサー」の定義は様々ですが、本書では「5000フォロワー以上」と設定します。

仮にAさんをピックアップしたとしましょう。

アクション3

自分と同じテーマのインフルエンサーAさんの投稿に、好意的なリアクション（いいね、コメント）をしている人をピックアップしてください。

アクション4

先に応援する精神と、返報性の法則を活用しましょう。

返報性の法則とは「人は何かをしてもらったら、お返しをしなければいけないという気持ちになる」というもの。ここではその法則を活用します。

アクション3でピックアップした中で、素敵だなと思ったアカウントに対して「いいね」や「コメント」を、また、あなた自身がそのアカウントをとても気に入ったらフォローをしてください。

フォロワーになってほしい！（=応援されたい！）と思うなら、**先にあなたから相手を応援しましょう。**

人は、応援されればその気持ちに応えたいと思い、応援を返してくれやすくなります。「先にその想いを行動で示す」ことが大切です。

では、「いいね」やコメント、フォローをされた相手側の視点で考えてみましょう。

そもそもその方は、インフルエンサーAさんのファンでした。

そこに、Aさんと同じテーマでインスタ投稿をしているあなたが登場。自分の投稿にリアクションやフォローをしてくれます。

純粋に嬉しくないですか？

そして、ただ単純にあなたのアカウントを見つけたときと、「いいね」や「コメント」、「フォロー」などの応援を受けとった後であなたのアカウントを見つけたとき、どちらが「あなたをフォローしよう」と思いますか？

私なら断然後者です！

誰かを応援することは、どれだけしてもやり過ぎることはありません。積極的にどんどん応援してみましょう。

では、このアクション4「先に応援する精神と返報性の法則」をもう少し紐解いていきましょう。

ある日インスタグラムを開いてみたら、誰かから「いいね」が来ていたとします。それがもし1つであれば、数ある「いいね」に流されて気にされずに終わってしまうかもしれません。

ただ、そこでもし3回も4回も「いいね」をされていたらどう思いますか。この人誰だろう？って気になりませんか。

気になって、あなたのトップ画面に飛んできてもらえればこっちのもの！
そこには、3章でつくった素敵なプロフィール文とワークで設定したテーマに沿った投稿が現れます。

しかもテーマは、すでにファンであるAさんと同じようなテーマ。となれば、「フォローしようかな」と思ってもらえる確率が高まりますよね！

前述のやりかたでフォローされた場合はもちろんですが、フォローされるには至らなかったとしても、あなたのアカウントを見に来たついでに「いいね」やコメントを残してもらえる確率は格段に高まります。
つまり「人気投稿に上がるために必要な他者からの反応」（＝「いいね」や「コメント」など）がつくわけです！　**フォロワーが増えると同時に「いいね」や「コメント」の数もどんどん増えていく**という、嬉しいスパイラルが巻き起こります！

そうなれば、「人気投稿」からの新規フォロワーの流入も見込めるので、ますますフォロワー増加に拍車がかかるという理論です。

ここでもう一度、アクション1~4を見てみましょう。

アクション1：3章で決めたテーマを検索。
アクション2：同じテーマを持った、インフルエンサーAを選ぶ。
アクション3：インフルエンサーAに好意的なリアクションをしている人を探す。
アクション4：先に応援する精神と返報性の法則を活用し、積極的にアクション。

あなたを応援してくれるフォロワーがどんどん増えて、自由な未来に近づくイメージが湧きましたか？

では、最短時間、最短ルートで影響力のあるインスタグラムアカウントをつくるための、最終仕上げに突入していきましょう！

chapter 6 まとめ

✓「フォロワー数を増やすこと」が目的になってしまうのはＮＧ！

✓ 先に応援する精神と返報性の法則を活用しよう

ストーリーが伝わると自由が増える

ストーリーズはつまり、完璧な彼が見せるプライベートな一面？

いよいよ自由になるための発信力と影響力を手にするため、一気にラストスパートをかけていきましょう！

「ストーリーズ」って聞いたことがありますか？　聞いたことはあるけど使ったことはないという方も、毎日欠かさずアップしています！　という方もいるかもしれませんね。

ホーム画面を押すと一番上に並んでいるアイコンです。

これは、普通の投稿とは違い**24時間で消えてしまう**ということが最大の特徴です。

え？　24時間で消えるって……投稿する意味あるの？　と思うかもしれませんが、それが逆に様々なメリットにつながり、**インスタグラム内で最も人気のある機能**となっています。

「ストーリーズしか見ない」という中高生もいるほど！

では、なぜストーリーズはこんなにもヒットしているのでしょうか？

あなたは、誰か好きな人はいますか？ 芸能人やスポーツ選手でもかまいません。すごく人気があり、かっこよくていつも笑顔が爽やかな彼。そんな彼が表で見せる完璧な姿以外の、プライベートな顔、見たくないですか？

仲間と楽しそうにはしゃいでいる姿、仕事ではないプライベートな旅行、「実はパフェが好きなんだけど、恥ずかしくて言えないんだ……」なんていうエピソード、そんなプライベートがこっそり垣間見えたら、ますますファンになりませんか？

ストーリーズは、インスタグラムの中でいわゆるそんな立ち位置なんですね。

通常のフィードに並ぶ投稿は「インスタ映え」や世界観、ブランディング、コンセプトを意識して投稿していきますが、ストーリーズは24時間で消えるため、より飾らないプライベートや日常的な投稿が気軽にできます。

ストーリーズを使って、自由になるための発信力を手に入れる

ストーリーズ4つの強みを活かせば、発信のバリエーションがまたたく間に広がります。

①投稿する側の心理的ハードルが下がる

見る側としては、しっかり準備された隙のないフィードだけではなく、投稿者の人となりがわかるオフショットが見られたら嬉しいですよね。親近感が湧いて、よりファンになったりします。

②プライベート感を演出できる

24時間で消えてしまうがゆえに、発信する側もより「リアル」に近いものが出せますし、消える安心感から、普通の投稿では見られない内容を公開している人も多いです。

例えば、普段は顔を出していない人が、ストーリーズだけは顔を出すとか、スタンプを貼っている子供の顔をストーリーズだけでは公開するとか、いつも写真しか投稿しない人が、動画を投稿、声が聴けちゃう！　などがあります。

③限定感をかき立てる

24時間限定のストーリーズでしか見られないコンテンツがあることで、「あなたのストーリーズを見にいこう！」「早く見に行かないと消えてしまう！」というファン心理を掻き立てます！

④気軽にリアクションできる

例えば、あなたの大好きな人がインスタグラムをしているとします。公開されている投稿にコメントを入れる勇気はない、メッセージを直接送る勇気なんてもっとない……。

でも、ストーリーズだったら、スタンプ1つだけを、ポンと送ることができるのです。

もちろん公開はされず、その人にしか見られないので、送る方はより気軽な気持ちでアクションを起こすことができます。

「アンケート」「質問」「クイズ」などを実施することも可能。

つまり、憧れの人やお友達とより気軽にコミュニケーションをとれる、ゲーム感覚の機能がたくさんあるというのが、ストーリーズの特徴といえます（202ページの写真参照）。

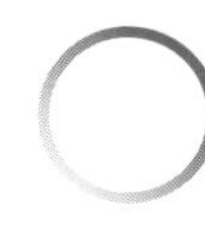

「ザイオンス効果」とコミュニケーションを意識できれば無敵！

「ザイオンス効果」をご存知ですか？

同じ人や物に接する回数が増えるほど、その対象に好印象を持つようになる効果のことをいいます。ＣＭなどがまさにそれですよね。

繰り返し見ることで知らぬ間に親近感を持って、お店に行った時に無意識に手に取ってしまう。そんなイメージです。

では、それをインスタグラムに応用するとどうなるでしょうか。

１日のうちに時間を変えて何回もストーリーズを投稿すると、フォロワーがインスタグラムを開いたときに見やすい位置にポップアップされます。それだけあなたのストーリーズが開かれる確率が高くなるのです。

ちなみに、ストーリーズは左からインスタグラムのおすすめ順に配置されています。

普段からよく見ている人、よくリアクションをしている人が優先されますが、同時に直近に投稿があった人も優先的に左に配置されます。よって、**左から3番目までに入ってい**れば見てもらえる可能性が格段に上がるのです。

常にアカウントアイコンが表示されていることで、フォロワーは1日に何度もあなたと会うことになり、「ザイオンス効果」によって親近感が増します。

でも、「何度も投稿したら嫌がられませんか?」と思ったあなた、いい着眼点ですね!

普通の投稿であれば、多くても1日3投稿くらいを目安にしてもらえばいいのですが、ストーリーズは例外なのです。なぜかというと、投稿する側も見る側も、気楽にアップしたり見たりしていて、軽い感じの投稿だからです。

1日3投稿くらいがむしろベスト。上限は100投稿ですが、上限に挑んでもらってもかまいません。

「目指せ！　ストーリーズの限界まで頑張ってみる。1日100投稿チャレンジ！」に挑戦したら、きっと多くの人が応援してくれると思います。

あなたからの一方的な配信ではなく、フォロワーが質問やアンケートに答えるなどのアクションを起こしてくれるようになれば、ファン度は一気に増します。

ファン度が増す＝影響力が増すので、自分の力で自由な未来を手に入れるために大きく前進することになります。

ファンメイキングに大事なザイオンス効果と、コミュニケーション。それに最も適した機能がストーリーズなんですね！

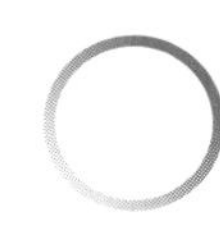

圧倒的なスピードでファンを増やす2つのポイント

ストーリーズの大切さや、ゲーム感覚でできそうな楽しさが、なんとなくわかってきたと思いますが、さらにあることを意識すると、フォロワーが増えるスピードが格段に上がり、自由への道が開けていきます。

①フォロワーとのコミュニケーションを強化する

1つめは、すでにフォロワーになってくれている人とのコミュニケーションの機会を増やすこと。前述した「アンケート」「質問」「クイズ」などの機能ですね。

私はよく旅行に行くのですが、「移動はどちら派ですか？ 新幹線ｏｒ飛行機」などのアンケートをストーリーズに投稿すると多くの人が答えてくれます。

どちらか一方をポンとタップするだけなので、何かを記入するより圧倒的に参加しやすいですよね！

どんなことを聞いたらいいかわからない人のために、いくつか例をあげてみましょう。

アンケート

・どちらが好きですか？
コーヒー／カフェラテ
・バレンタインにチョコレートあげる？
本命／義理／あげない
・これから海外へ！何を見る？
モロッコの星空／マンハッタンの夜景
・お正月は帰省しますか？
YES／NO
・プロフィール写真を変えるなら、どれ？
左上／右上／左下／右下
・どこでもドアがあったらどこに行く？
ハワイ／京都／アラスカ

質問

・私に聞きたいことはありますか？（インフルエンサーがよくやるQ＆A）

・あなたのおすすめカフェはどこですか？
・恵比寿でおすすめの飲み屋さんありますか？（実際に私が聞いた質問）

あなた自身が楽しみながらフォロワーも楽しませる！というようなイメージでコミュニケーションをとれたら最高ですね。

②ストーリーズにも「タグ」「位置情報」をつけよう

ストーリーズにも通常投稿と同様にハッシュタグ、位置情報がつけられます。

自分のフォロワーではない人にストーリーズを見てもらい、発信力と影響力を広げていくためには、「タグ」と「位置情報」を工夫する必要があります。


ハッシュタグは通常投稿とは違い、ストーリーズで投稿する写真の上に書くようなイメージなので、あまり多すぎると写真を邪魔してしまいます。**私は基本的に3〜4個しか**つけませんが、多くても6〜7個くらいが視覚的な上限だと思います。

ストーリーズのハッシュタグ研究もとても面白いので、余裕が出てきたらぜひチャレンジしてみてください。

無料で使える「ビジネスアカウント」（129ページ参照）にすると、「どのタグから何人見に来てくれたか」を数字で確認できます。

たくさん見に来てくれるタグを見つけたら、「新規フォロワー獲得」への第一歩！

ただ、自分の普段のフィードや世界観とあまりにも違うタグをつけても、なかなかフォローまでには結びつきませんので注意してださい。

例えば、私史上最も流入が多かったタグの一つに「＃１００均」があります。

でも、私の通常投稿は一切１００均ネタを入れていないので、ストーリーズを「見に来てくれる数」は激増しましたが、そこからフォローにはあまり結びつかなかったのです。

つまり「見に来てくれる人が多そう」かつ「自分の世界観に合う」タグが見つかったら最強ですよね。

ちなみに、ハッシュタグは①の「ハッシュタグ」というところからも投稿できますが、ここで投稿できるハッシュタグは1つだけ。

2つ以上投稿したい場合は、普通に文章を書くところでハッシュタグをつけていきます（②）。

また、ハッシュタグ以外の文章も、もちろん書いてOKです。

ただ、書きすぎて写真を邪魔しないようにだけ気をつけてくださいね！

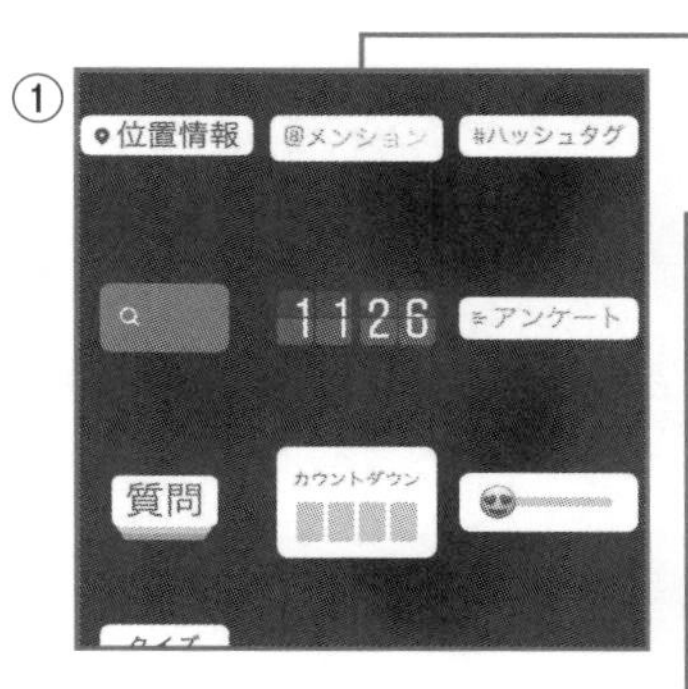

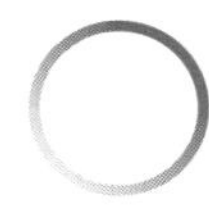

なぜ1万人ファンができると急激に自由になれるのか？

インスタグラムをきっかけに新しい世界を見てみたい！

インスタグラムを使って自由な未来を手に入れたい！

インスタグラムを集客につなげたい！


様々な方がいると思います。

例えば、企業の担当者から「我が社の商品を宣伝してもらいたいから、これを投稿してください」と言われ、その謝礼として一投稿あたりの報酬や当該商品がプレゼントされる、いわゆる「ＰＲ案件」。

「今まで自分で買っていたアクセサリー、コスメ、洋服、靴……すべて提供されるようになったので、自分で買うものがほとんどなくなりました」という話は私の周りに溢れています。

インスタグラムを楽しく発信していたら、アカウントが人気になっていき、フォロワーが増えるごとに店に来てくれるお客さんも増えて、口コミや投稿でさらに集客につながり……気づいたら超人気店になっていました！　なんて夢のような話に聞こえますが、全く夢ではありません。

◎インスタグラムが人気になったことで、1日40人のお客さんがたった一人の美容師さん目当てに詰めかけるという美容院。
◎他のSNSでは全く集客できなかったパートナーシップコーチが、毎日数十名単位で新規メルマガ読者を獲得し、過去最高売り上げを達成。
そんな話は、インスタ界隈ではゴロゴロと転がっているんです！

では、ストーリーズを使って新しい世界を広げていくにはどうしたらいいでしょうか？

あなたは、インスタグラムが大切にしているある数字をご存知ですか？
インスタグラムは**「1万フォロワー」**という数字をとても大切にしています。なぜかというと、1万フォロワーを突破すると、特別な機能が解放されるのです。

それは、

- ストーリーズにＵＲＬが貼れる
- ＩＧＴＶ投稿可能枠が10分から1時間に増える

という２つの機能です。

ストーリーズにＵＲＬが貼れると、どんないいことがあるのでしょうか？

なんと、ストーリーズから自分のブログやホームページ、企業のホームページや商品紹介、アマゾンの商品ページなどに直接飛んでもらうことができるようになります。

たったそれだけで、広がる世界は果てしなく大きいのです！

インスタグラムは他のＳＮＳと違って、通常の投稿にＵＲＬが貼れません。なので、1万フォロワー未満の人は基本的にプロフィールに１つのＵＲＬを貼ることしかできません。

だからこそ、ストーリーズにＵＲＬを貼れるようになることの価値は、はかりしれないのです。

・今まで自分で買っていたコスメや洋服を提供してほしい！
・インスタグラムで発信力をつけて、ホームページのPVを伸ばしたい！
・自分のビジネスやサービスをお店につなげたい！
・ハンドメイド作品などを、インスタグラムから売りたい！
・アマゾンリンクに飛んでもらって、本などの販促をしたい！

そんな方は、この機能を手に入れることはかなりおすすめです。

PR案件に関しては、次章に詳しく書きますが、「リンク先の購入ページに飛ばす」機能を持っている、1万フォロワー以上のアカウントだけをピックアップして案件依頼が来ることも多々ありますし、こちらから応募する場合も「1万フォロワー以上」という条件が付いているケースもよくあります。

1万フォロワー以上になって、初めて開けてくる世界というのもあるんですね！

そんなこともあり、ストーリーズは「集客」にも向いているのです。

コミュニケーションがとてもとりやすいので、例えば1週間前からストーリーズで集客のカウントダウンを始め、「5日前！」「3日前！」「前日！」などと盛り上げていくこともできます。

「絶対に行きたいです！」とか「タイマーかけました！」などの熱いメッセージをいただいたら、それをストーリーズで紹介し、「そんなにすごいんだ！ 私も行きたい！」という心理をかきたてることも可能です。

つまり、通常のフィードでは世界観的にできないことも、ストーリーズではできてしまうのです！

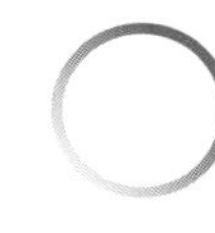

「ハイライト」は、あなたの自由を永遠に支えてくれる

ストーリーズは基本的に24時間で消えますが、永久保存版にする方法があります！

それが「ハイライト」です。

このハイライトはフォルダのようになっていて、**１つのハイライトに複数のストーリーズを保存できます。**すると、24時間で消えることはなく、ハイライトから消さない限りは永久に残ります。

では、ストーリーズにアップしたものは全部ハイライトに保存すればいいじゃない！
そうしたら24時間で消えないから、ずっと見ることができてフォロワーも嬉しいんじゃない？

そう思われるかもしれませんが、そこはやっぱり「限定性」を重視したほうがいいのです。

「いつでも買えますよ〜、いつでも来てくださいね！」というスイーツと、「24時間限定販売のスイーツ。24時間後はいかなる理由があっても再販はいたしません。お見逃しなく！」というスイーツ。

あなたならどちらを買いたいと思います？　答えは歴然ですよね。

人間心理とはおもしろいもので、買おうか悩んでいたものでも「ない」と言われれば欲しくなり、買おうと思っていたものでも「たくさんある」と言われれば、買わなくてもいいという気持ちになる。そんなものですよね。

では、「ハイライト」を実際に使用した事例をいくつか紹介します。

■お客様の声

自身でサービスを提供している方は、ストーリーズに「お客様の声」「感想」をまとめるのがおすすめです。通常の投稿でこれを載せてしまうと、テーマがぶれてしまう場合が多いのですが、ストーリーズであれば問題ありません。お客様に感想を投稿していただき、それを自分で紹介するパターンでもいいですし、自ら文章を書いてもいいですね。

■自己紹介

自己紹介や、仕事を始めた経緯、情熱などをストーリーズで綴る。

■加工方法

加工が上手な方は、質問を想定してストーリーズにアップしていることもあります。

■メディア出演

投稿に載せると世界観がくずれるけれど、実績やブランディングとしては出しておきたい！というものもハイライトにまとめて。

■旅行

旅行の様子を行先ごとにハイライトにまとめても。私も旅行中は積極的にストーリーズを配信するようにしていますが、「一緒に旅しているみたいで楽しい！」と好評です。

■コーディネート

ファッション系インスタグラマーの中には、コーディネートブックのような感じでハイライトをつくっている方もいます。

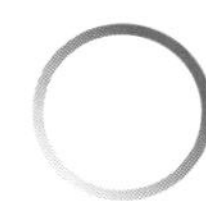

ライブ配信というリアルコミュニケーションで、ファン度が上がる

最近、ライブ配信などの動画コンテンツが流行っています。

なぜかというと、それはSNS上での「限定的」な「究極のリアルコミュニケーション」だからです。

インターネット上でしかつながっていないのに、「リアルタイム」で見ている人とコメント、スタンプなどでコミュニケーションがとれますし、「ライブ」なので「限定感」がありますよね。

つまり、ファン度を増すための様々な要素が散りばめられているのが、ライブ配信なのです。

インスタグラムのライブ配信は、ストーリーズの画面で「ライブ」を押すとすぐに開始されます。

ハードルが高い！ という方もいると思うのですが、そういう方はまず自分は出演せずに、景色を映すだけでもいいです。
カフェで頼んだ、湯気が出ているカフェラテだけでもＯＫ。

とにかく「やってみる」一歩を踏み出してみましょう！

投稿して気に入らなければすぐに消せるので、気軽に配信してみてくださいね。
また、配信したライブをそのままストーリーズで「シェア」することもできますし、消すこともできます。

シェアすれば、より多くの方に見てもらうことができますし、そのまま消せばより限定感が増しますね！

chapter 7 まとめ

- ✓ ストーリーズがヒットした理由を考える
- ✓ 1日数回投稿してザイオンス効果を狙おう
- ✓ 「アンケート」「質問」「クイズ」などの機能を使いフォロワーとのコミュニケーションを強化！
- ✓ 「タグ」「位置情報」を駆使して新しいフォロワー獲得へ！
- ✓ 1万フォロワーを超えると2つの機能が解放される
- ✓ ハイライトを使って永久保存版をつくる
- ✓ ライブ配信にチャレンジしよう

自分の人生から「お金」という存在がない自由

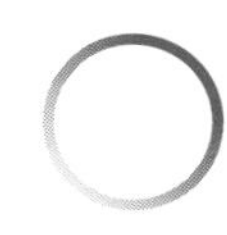

PRで人生の自由を手に入れた女性たち

「PRって、そもそも何ですか？」という質問をよくいただきます。

逆に「私はPRには興味がないです」という方も結構います。

PRは、知れば知るほどとても面白い世界ですし、PRのおかげで人生の自由を手に入れた友人も何人もいるので、その一端をぜひあなたにもお伝えできたら、と思います。

実は、私もインスタグラムを始めた当初はPRの仕事に全く興味がなく、フォロワーが1万5000人くらいになるまでほとんど何もしていませんでした。

というのも、私のアカウントは「機内誌で執筆する」ことを目標に「旅行」をテーマに作り込んだものだったので、気軽にPRを受けることができなかったのです。

国内外の絶景写真が並ぶ中に、突然シャンプーのPR投稿が出てきたらどう思います？違和感たっぷりですよね。

そんななか、「TOKYOインフルエンサーアカデミー」の受講生から「PRの仕事がしてみたい！」と熱望されたので、私はPRを受けるためにもう一つアカウントをつくることにしました。

私自身が最前線にいて研究し続けることが、結果的に受講生が最速で結果を出せる「最短ルート」だと確信しているからです。

そのようなわけで私のPR研究が始まり、今は多数の仕事をいただいていますが、やってみると奥が深くて、とても楽しいことがわかりました。

インスタグラムのアクティブユーザーは、私がインスタグラムを始めた2017年末（約2000万人）から2019年6月（3300万人）の1年半で約1・6倍になったというデータがあります。それと同時にインフルエンサーにPRの仕事を紹介するようなインフルエンサーマーケティングの会社と、依頼主である企業の数もうなぎのぼりに増えているのです。

私は、自分がインスタグラムを始めるまで、こんな世界が世の中にあるなんて思いもしませんでした。

◎イタリア船の豪華クルーズのスイートルームに招待され、ウェルカムシャンパンとフルーツを食べながら部屋のテラスから娘と一緒に海に沈む夕日を眺めた。
◎ビジネスクラスで、ヨーロッパへのインフルエンサーツアーに招待された。
◎航空会社のアンバサダーになってずっとやりたかった「地方創生」をインスタグラムで始めた。
◎いつか必ず行きたいと思っていた、鹿児島の離島に仕事（娘と観光すること）で行けることになった。
◎ずっと憧れていた北海道の離島のアンバサダーになった。
◎航空券をいただき、様々なところに行けるようになった。
◎今までは買っていた洋服、靴、バッグ、アクセサリー、化粧水、クレンジング、美容液などがプレゼントされた。
◎プレゼントだけではなく、さらに謝礼をいただいた。
◎レストランやカフェ、居酒屋などの飲食費が無料になった。
◎ホテルに無料で泊まれたり、特別メニューを考えていただけた。

◎インフルエンサーが集まる新作発表会やパーティーに招待された。
◎娘が大好きなテーマパークに招待され、アカデミーのみんなを連れていくことができた。

まるで夢のような話じゃないですか？

しかも、10年インスタグラムを続けてようやくそうなれた！という話ではありません。私は、なんとアカウント開設初日に美容院、ウエディング、美容液と3つのＰＲ案件が来ました。ＰＲ案件のためのハッシュタグなどを戦略的につけたからだと思いますが、あまりにもスピーディーに結果が出ることに驚きました。


アカデミーの受講生たちは、仕事もバックグラウンドも十人十色。専業主婦、ＯＬ、医療関係者、経営者、元アナウンサー、シングルマザー、元オリンピック選手など様々な職業の人がいます。ただ、インスタグラムをやる目的はみんなある程度同じで、大きく分けて3つ。「新しい世界が見たい」「ＰＲ」「集客」です。そしてその先に共通して「自分の力で自由になる」未来を見据えています。

中でもＰＲ案件は、「できればほしい」とほとんどの人が思っています。ただ、毎回必ず私がいうのは「優先順位を考えて」ということ。

仮に集客を第一目標にアカウントをつくっていったとしても、ＰＲ案件をいただけることはあります。ただそれはあくまでも「棚からぼた餅」のようなものであって、主目的は集客です。ここで「もっとＰＲ案件がほしい！」と思い始めてしまうと、必ず方向性がずれます。

目的によって写真、プロフィールの書き方、世界観のつくり方、ハッシュタグの選び方などアカウントの仕様が全く違ってきます。
集客が優先順位1位であれば、ＰＲ案件は「来たらラッキー」くらいに思ってください。逆にＰＲ案件が第1目標の人は「集客できたらラッキー」と考えておくといいです。

もし、今の段階であなたがまだ「理想のゴール」を決めていなかったら、とりあえずＰＲ案件を目的にインスタグラムを始めてみてもいいかもしれません。
始めてから見えてくる世界もたくさんあるので、「行動しながら目的を探す」「行動しながら自由になるイメージをつかんでいく」ことをおすすめします！

自分が手にしたい自由を決めてやるべきこと

ＰＲ案件と一言で言っても、様々なものがあります。

まずは、**あなたがどんな案件に興味があるのかを考えてみましょう。**

大きく分けると美容系、ファッション系、グルメ系、旅行系などがありますが、あなたがグッとくる案件はどんなものでしょうか。

◎いろいろなメーカーの化粧水や美容液などを使い比べながら美肌になりたいですか？
◎エステサロンや美容院など体験型のサービスをたくさん受けたいですか？
◎パーソナルトレーナーをつけて、美ボディを目指しますか？
◎おうち脱毛の機器を使って、つるぴか肌になりますか？
◎普段自分では買わないようなファッションにチャレンジしてみますか？
◎海外ブランドのワンピースを着て「それどこの？」と友達から聞かれたいですか？

◎「私、もう半年くらい自分でアクセサリー買っていません。だって最低月1はPRでいただくので♪」（byアカデミーの受講生）と言いたいですか？

◎1年で20本以上時計をいただき（私の実例）、コーディネートによって日替わりで時計を変えてみますか？

◎アフターヌーンティーに招待されて、優雅にお茶の時間を楽しみたいですか？

◎イタリアンレストラン、高級焼き肉店など様々なレストランをはしごしますか？

◎どこかの離島に招待されて1か月住んでみますか？（私は行っていませんが、友人が行きかけた案件）

◎部屋に露天風呂がついている豪華温泉旅館に、両親と一緒に招待されたいですか？

こんな案件をやってみたい！と狙いが定まったら、やるべきことはたった2つです。

①すでにその案件をやっているインフルエンサーが選ばれた理由をリサーチ

例えばあなたがファッションPRをやってみたい！と思ったとします。

まずは、頻繁にファッションのPR投稿をしているインフルエンサーを探しましょう。

どのように探すのか？方法は2つあります。

・ハッシュタグで探す

まずは「#PR」というタグを検索してみましょう。様々なPRをしているインフルエンサーの投稿が多数でてきます。その中でファッション関連のPR依頼を受けていそうな投稿を探します。

人にもよりますが、ファッション系インフルエンサーは、全身写真で洋服が映えるように写っている画像を投稿している方が多いです。

見つけたら、そのインフルエンサーのアカウントに飛んで、他の投稿も見てみましょう。他の投稿も、同じように全身写真だったり「#PR」をつけて洋服を紹介していたりすれば、ビンゴです！

その方がなぜファッションPRを多数依頼されるのか、その秘訣を探りましょう。

構図、背景、ポージング、投稿の色や明るさ、世界観の統一、ハッシュタグの選び方、PR依頼元が喜びそうな丁寧な紹介の仕方、投稿だけではなくストーリーズでも紹介しているなど、いろいろなポイントが出てくると思います。

出てきたポイントを、片っ端からノートに書き留めましょう。

そして、あなたのアカウントに応用できるところは何かを考えて、可能な限りすべて応用しましょう。

よくアカデミーでいう言葉ですが、「すべてはインスタの中に答えがある」のです！

インスタグラムの教科書は、インスタグラムです。

ちなみに、他にも「#ファッション」「#ファッション好きとつながりたい」などファッション関係のタグで検索すると、人気投稿上位にファッション系インフルエンサーの姿をよく目にします。

ファッション系インフルエンサーがつけそうなタグで検索してみるところがポイントです。

・「@」で探す

ファッションPRをしている人の投稿で必ず見かけるのが、「Tops→@uniqlo」のような文章です。

これはつまり、トップスはユニクロのものですよ！ということが表されています。

例えばユニクロ銀座店の公式アカウント「@uniqlo_ginza」に飛んで、ユニクロのフィードではなく、タグ付けされた投稿だけが載るフィードを見れば、インフルエンサーがユニクロ銀座店をタグ付けした写真が出てきます。

また、ファッション系インフルエンサーの写真をリポストしているメディアをチェックするのも一つの方法です。

前述の「@uniqlo_ginza」はユニクロの洋服を着て投稿しているインフルエンサーたちをフィードでピックアップしているので、ファッション系インフルエンサーの宝庫です！

②ＰＲ風投稿をしてみる

ＰＲ案件というものは、受け始めるとどんどん依頼が増えていきます。

なぜでしょうか？

それは、「ＰＲ案件を受けてくれる人」という認識がされることと、「この人にＰＲ案件を頼んだらこんなふうに投稿してくれるんだ！」という事例ができるので、企業側がイメージしやすくなるためです。

どんなにフォロワーが多くても、「ＰＲ案件はしてくれないだろうな」と思われたら案件は来にくくなります。なので「私ＰＲ案件受けてますよ‼」という姿勢を示すのが、とても大切な一歩なんですね。

え？　でもＰＲ案件受けたことがない時は、姿勢示せなくないですか？

と思われる方もいるかもしれません。

そこで登場するのが、名付けて「ＰＲ風投稿」！

その名の通り「風」なので、実際に受けているわけではありません。

例えば、ファッション系のＰＲがほしい人は、すでにファッション系のＰＲをしているような感じで投稿するのです。

全身コーディネート写真を投稿し、各アイテムのブランド名を紹介してみたり、このスカートにはこんなポイントがあって、ここがおすすめですという詳細を書いてみたり。

自分がPRを依頼されたと思って書いてみるのが大事です。

私も、ふとファッション系のPRをやってみたい！と思い立ち、この戦術を2週間やってみたところ、意図したとおりにファッションPRの依頼を受けることができました。今は、普段着を自分で買うことはほぼなくなり（いただけるので）、**ファッションブランドのアンバサダーに任命**されるまでになりました。

インスタグラムは、ただ趣味で投稿しているだけでも楽しくていいのですが、何か目的がある場合は、戦略的に作戦を練っていくことで格段に目標までの道のりが縮まります！

この本を読んでくださっているあなたは、きっと「自分の力で自由になる」ことに興味があると思うので、その一つの手段としてインスタグラムをやるのであれば、最短ルートで行きたいですよね！

美容系もファッション系も旅行系もみんな興味がある！ どれでもいいからやってみたい！

そんな場合は、マーケティング会社に登録するのがおすすめです。

私がインスタグラムを始めて1年くらい経過したころから、このマーケティング会社（企業とインフルエンサーの中間に入る役割）が激増し始めました。

おそらく皆さんも発信力が伸びてきたら、マーケティング会社から多数のDMを受け取ることになると思います。

でも、最初はとまどうかもしれません。

「LINE@に登録してください。ここから案件を流します」というような会社も多いので「これ……詐欺なんじゃない？」と心配になって相談されるケースも多々あります。

私のおすすめは、まず最初は、自ら大手のマーケティング会社に登録をしてみること。

インターネットで「インフルエンサー」「マーケティング」などで調べると、大手の会社数社がヒットするので、そこから登録してみてくださいね。

そしてPR案件になれてきたころに、DMへの対応を開始しましょう！

すべてPRで行った旅行、いただいたもの

ＰＲで稼げるから会社辞めます？

「私、会社を辞めて独立したいんです！」
「時間や場所に縛られずに収入を得る手段がほしいです！」

あなたの目指す「自由」のイメージがそのような場合、ＰＲ案件は一つの選択肢になると思います。

インスタグラムのＰＲ案件で稼げるようになったので会社員を辞めました！　というような話を時々耳にしますよね！

実際のところはどうなのでしょうか？

ＰＲ案件は、報酬が出るものと出ないものがあります。

出ないものは「ギフティング」という「商品の供与」が報酬になります。中には店頭で買うと数万円もするものもあり、嬉しい案件がたくさんあります。また、私は旅行が大好きなので、旅行案件は報酬が出なくても行く場合がよくあります。

自分にとって魅力的な提案であれば、報酬が出なくても積極的にやってみてください。

PR初期の頃は経験のため、報酬が出なくてもチャレンジすることをおすすめします。

PRってこういう流れなんだ！ということがわかって面白いですよ！

報酬が出る場合、その額はピンキリです。

フォロワー数×0・5円のような形で決まることもあれば、固定で決まっている場合もあります。

一投稿1000円、2000円くらいのものから10万円レベルまで様々です。

「PR案件の報酬が本業の収入を抜きました」という友人も多数いますが、そういう方々はやはりフォロワー数もある程度多く（1万人以下の人はまずいません）、投稿の内容も充実しています。

報酬にも2種類あります。

・固定報酬

一投稿の報酬額が決まっているもの。フィード投稿やストーリーズの投稿数に対して、支払われます。

・アフィリエイト

ＰＲ投稿した記事からサービスや商品購入、来店につながった数で報酬が決まります。投稿自体には報酬がない、もしくは低額ですが、購入1件に対して数百円～数千円（大きいものだと数万単位のものも）が支払われるというパターンです。

アフィリエイトが得意な人は、固定報酬よりアフィリエイトのほうが報酬が多くなるという傾向もあるそうです。

どちらがあなたに合っているかは、やりながら考えればいいと思います。

「興味がある！」という方はとりあえずチャレンジしてみてくださいね！

また、普段個人では関わることができないような、大企業のＰＲ戦略に現場レベルで関われる醍醐味もあります。「この企業はこうやってインフルエンサーを使って流行を生んでいくんだなー」と実例を目の当たりにすることは、とても勉強になります。

そしてＰＲは、人付き合いやビジネスにも活かせるのです。


依頼を受けた案件を、どうやってＰＲするのがその企業にとって最も嬉しい？

その企業の理念は？

どんな人に届けたいの？

企業や商品の良さを紹介する中で、私にしか出せない「私らしさ」をプラスするとしたらどう表現したらいい？


「相手のニーズを考え、それに自分らしさをプラスして価値を提供していく」訓練を、商品や謝礼をいただきながら実践できる場がＰＲなのです。


どうですか？

あなたがやってみたいＰＲ案件のイメージはつきましたか？

1つの発信が1年半働き続けてくれる

あなたは今日、どんな1日を過ごしましたか?

あなたが今日とった行動を1年後も「素晴らしい!」と評価してくれる人がいて、そのおかげで旅行に招待されたらどうですか? 驚きますよね!

メディアにはストック型とフロー型の2種類があります。

フロー型メディアとは、facebook、twitter などタイムラインにどんどん最新の情報が流れてきて、今起こっていることがわかりやすい、拡散しやすいメディアのことをいいます。

ストック型とは、ホームページ、ブログ、YouTube のように情報が蓄積され、検索されやすく過去の情報にもアクセスしやすいメディアをいいます。

インスタグラムはどちらでしょうか?

本来であればフロー型に分類されそうですが、実際はどちらの側面も持ち合わせているメディアといえます。

インスタグラムのストック型メディアとしての特徴は以下の2点です。

・ハッシュタグで検索され、現在の投稿はもちろん過去の投稿にもアクセスされる。
・1つの投稿から自分のページを見に来たら、過去の投稿を一挙に見ることができる。

「インスタグラムはストック型のメディアでもある」と私が意識したのはあるきっかけがありました。

2017年コロンビアからの投稿。

私がインスタグラムを始めた初期の投稿にコロンビアとタンザニアのものがあるのですが、なんと！先日現地の旅行会社からコロンビア、タンザニアにそれぞれご招待を受けたのです！

聞いてみると、私の1年半くらい前の投稿を見たとのことでした。

ハッシュタグで検索にひっかかった

のか、位置情報で人気投稿にいたのか、詳細は定かではありませんが、過去の投稿がこうやって現在に結びつくことがあるのだ！と感動した瞬間でした。

私がインスタグラムを始めた2年前には、考えられなかったような案件が、最近また増えているように思います。それは、インスタグラムのアクティブユーザーがどんどん増えていき、企業がインスタグラムの可能性やインフルエンサーマーケティングを度外視できなくなってきたからですね。

今後「口コミ」がますます重要視されていくので、ＰＲ案件はさらに増えていくと思います。

1年後はまた「あの頃はこんな案件があるなんて考えられなかった」と言っているかもしれませんね！

楽しみです。

そして、ＰＲという世界に、アカウント開設初日から足を踏み入れることができるのが、インスタグラムのすごいところ。

こんなにもスピーディーに、個人がＰＲ市場に参入できる手段を私は他に知りません。

ＰＲにもインスタグラムにも、無限の可能性があるということが伝わりましたか？

もしＰＲがあなたの目指す「自由」に少しでもつながる可能性があるとしたら、まずは迷わずチャレンジしてみてくださいね！

chapter 8 まとめ

✓ほしい案件の狙いを定める
✓ＰＲ案件をやっている人たちをリサーチする
✓ＰＲ風投稿をしてみよう！
✓インスタグラムにはストック型としての特性もある

おわりに

最後まで読んでいただき、本当にありがとうございました。

「女性が自分の力で自由になる」一つの手段として、私自身が人生を変えるきっかけとなったインスタグラムを紹介してきました。

たった一つのツールが、どれだけ自分の世界を広げてくれるのか、新しい可能性につながっていくのか、ワクワクしてくれていると思います。

「人生を変える」方法はたくさんありますが、その中から何を選ぶのか、そして行動するのかしないのか。それを決めるのは自分しかいません。

多くの人は、そこで悩んで、新しい一歩を踏み出すことをためらってしまいます。

でも、勇気を出して一歩踏み出した人にしか見えない世界があることを、あなたはもう知っていますよね。

本文中に書いた通り、私は紆余曲折を経て２０１７年９月にインスタグラムと出会い、瞬く間に１８０度人生が変わりました。

現在、目標として思い描いていた東京オリンピックにインスタグラムで関わることも実現し、何よりも私の大切な「ＴＯＫＹＯインフルエンサーアカデミー」という素晴らしい仲間が集まるコミュニティをつくることもできました。


一人一人が発信力や影響力をつけ、想いを共有した日本最強のインフルエンサー集団になったら？

できることは無限に広がっていきます。

私たちは、それを目指しています。


人は何歳になっても、女性であっても男性であっても、子供がいても介護をしていてもどんなステージであっても、**自分の選択次第で人生は変えられるし、自由になれる！**と私は本気で思っています。

女性が自分の力で自由になる、一番簡単な手段が「発信」だと確信しています。

特にインスタグラムは、気軽に始められて、スピーディーに結果が出る。目に見えて私の人生を変えてくれた最高の発信媒体です。

これは、私だけに起きた奇跡ではありません。

あなたにも十分起こり得る奇跡なのです!!

あなたが叶えたい理想は、どんな未来ですか?

あなたは、どんな人生を送ることができたら幸せですか?

この本はインスタグラムの本ですが、インスタグラムの本ではありません。

各章で紹介した考え方やノウハウは、インスタグラムはもちろんのこと、ほかの発信ツール、そしてビジネス構築、人生全般に通ずるところがたくさんあります。

私が必死で試行錯誤して進んできた、この2年間のすべてを詰め込みました。

この本が、インスタグラムの魅力を伝えるとともに、あなたの毎日が変わり始め、自由への道が開けるきっかけになればこれほど嬉しいことはありません。

今後も継続して行動し続けられるように、私からあなたのためにとっておきのプレゼントを用意しました。

インスタグラムだけで自分が望むものを手に入れて生きている方の事例や、インフルエンサーだけに案内が来る、例えば豪華客船の旅に無料で行けるエントリーの仕方などを、LINE＠のお友だちだけに紹介しています。

また、LINE＠のお友だちには、航空会社からの依頼で実施したインスタグラムセミナー動画（3時間）も無料でプレゼントしています。

私とLINE＠のお友だちになって今日から自由に生きる人生を手に入れてくださいね。

LINE＠の友だち検索で「@yuko.nakajima」と検索していただくか、QRコードを読み取ってください。

さて、これまで様々なトライアンドエラーをしてきましたね。
こんなに頑張ってるのになんでダメなんだろう？
そう思うこともあったと思います。
でも安心してください！
大丈夫。
あなたはもうこれから自由になれますから。

最後に、本書出版にあたり大変お世話になりました安田喜根社長をはじめとする評言社の皆様、多大なるアドバイスや新しい視点をくださるベストセラー作家の星渉先生、本当にありがとうございました。

また、いつも支えてくれる家族、大切な友人たち、「ＴＯＫＹＯインフルエンサーアカデミー」のかけがえのない生徒の皆様、インスタグラムの読者の皆様、すべての方々に心より感謝申し上げます。

私の人生の可能性をありえないほど広げてくれたインスタグラム。
大好きです！
ありがとう！
これからもよろしくね！

２０２０年１月吉日

中島侑子

著者プロフィール

中島 侑子（Nakajima Yuko）

医師
TOKYO インフルエンサーアカデミー主宰
ミセスグランドユニバース 2019 アジア代表／アンバサダー／アジアパシフィックディレクター

1982 年、東京都生まれ。
バックパッカーとして 3 年間世界を周遊した経験を持ち、その時の「人を救いたい」という思いがきっかけとなり、救急救命医に。救命セ ンターや救急ヘリでの勤務、離島医療、災害医療に従事。
妊娠中に自身が緊急手術を受けた際に、人生観・仕事観を見直し「時間、場所に縛られずに自由に働く」ことを決意して起業。
2017 年秋にインスタグラムに出会い、目標達成やセルフブランディングを用いた独自の発信方法を編み出し「全ての女性は自分の力で自由になれる」をテーマに TOKYO インフルエンサーアカデミーを主宰。
シンガポールなど海外にも招聘され、講座は常に受講倍率 5 倍以上の狭き門となっている。
3 か月でインスタグラム 1 万フォロワーを超える生徒、メディアからのオファーや PR 依頼が絶えない生徒など、人生を変えるインフルエンサーを多数輩出。
東京オリンピック開催地の公式インスタグラムアカウントのコンサルティングや長野県中野市のスペシャルアンバサダーに任命され、地方創生に尽力している。

東京都、神戸市等の依頼で「個人のブランディングで生きる」講座や国土交通省、全国の中学、高校、大学、病院などの依頼でその他講演会を多数開催し、今までのべ 3000 名以上が受講。

2019 年、世界的な発信力が評価され、ミセスグランドユニバースのアンバサダー、アジアパシフィックのディレクターに就任した。

Instagram @yuko__nakajima
HP https://tokyoinfluencer.com/
Blog https://ameblo.jp/nakajima-yuko/
LINE@ @yuko.nakajima

インディペンデント 女性が自分の力で自由になる方法

2020年1月31日　初版　第1刷　発行

著　者　　中島 侑子
装幀・本文デザイン　小松 利光（PINE）
発行者　　安田 喜根
発行所　　株式会社 評言社
　　　　　東京都千代田区神田小川町 2-3-13 M&C ビル 3F（〒101-0052）
　　　　　TEL 03-5280-2550（代表）
　　　　　http://www.hyogensha.co.jp
印　刷　　中央精版印刷株式会社

ISBN978-4-8282-0705-6　C0095
定価はカバーに表示してあります。
落丁本・乱丁本の場合はお取り替えいたします。